百年煤矿话百年

中国煤炭学会　编

应急管理出版社

·北　京·

图书在版编目（CIP）数据

百年煤矿话百年／中国煤炭学会编．－－北京：应急管理出版社，2022

ISBN 978－7－5020－9059－3

Ⅰ．①百… Ⅱ．①中… Ⅲ．①煤矿—工业史—中国 Ⅳ．①F426．21

中国版本图书馆 CIP 数据核字(2021)第 252930 号

百年煤矿话百年

编　　者　中国煤炭学会
责任编辑　成联君
责任校对　赵　盼
封面设计　于春颖

出版发行　应急管理出版社（北京市朝阳区芍药居 35 号　100029）
电　　话　010－84657898（总编室）　010－84657880（读者服务部）
网　　址　www．cciph．com．cn
印　　刷　应信印务（北京）有限公司
经　　销　全国新华书店

开　　本　710mm×1000mm $^1/_{16}$　**印张**　14 $^1/_4$　**字数**　185 千字
版　　次　2022 年 5 月第 1 版　2022 年 5 月第 1 次印刷
社内编号　20211407　**定价**　56．00 元

编　写　组

主　　编　刘　峰

副主编　吕孝存　王　蕾　岳燕京

编写人员　于松波　于小川　马　坤　马歆涛　王　瑾
王小军　王献平　车　路　田璐璐　史满利
白希军　朱孔平　朱晓莉　任万利　刘利民
刘林辉　闫艳琴　孙正风　孙学海　李　旺
李　翔　李　锦　李蔓璐　杨贵珠　杨清清
杨喜华　何　瑶　何爱平　位丹丹　邹爱国
张　波　张嘉林　陈海娟　林旦旦　赵　彤
郝中华　信峰先　贾　玲　徐黎华　郭　尧
郭忠凯　梁前科　程小飞　鲍雅辉

前言

PREFACE

为了献礼中国共产党百年华诞，聚焦百年煤矿红色资源，认真开展学习党史、新中国史、改革开放史、社会主义发展史宣传教育活动，推动党史学习教育深入群众、深入基层、深入人心，歌颂广大煤矿从业人员在党的坚强领导下，积极投身革命，支持国家建设，传承红色基因，筚路蓝缕，玉汝于成的可歌史实，中国煤炭学会理事会党委策划组织了“百年煤矿话百年”的征文活动。

本次征文活动从2021年5月始至年底，历时8个月，共征集到文章88篇，图片300余幅。这些文字和图片记载了中国共产党各个历史时期发动和领导煤矿工人与帝国主义、封建主义和官僚资本主义英勇斗争的历史，以及在为民族独立和人民解放中牺牲的英雄们。同时，展示了部分煤矿老党员、革命先辈后人以及矿工群众个人留存的与煤矿红色历史相关的笔记、日记、书信、手稿、讲话记录、回忆录、奖状、立功证明等，展示了新闻媒体、自媒体、社交媒体在直播、采访中形成的纪实性资料和宣传报道材料。这些材料对学习宣传在我国新民主主义革命、社会主义革命和建设、改革开放和社会主义现代化建设不同时代背景下，煤矿人牢记初心使命、赤诚奋进百年的精神内涵具有重要的指导意义。经煤炭行业史志专家评议，从中遴选了“红色安源 薪火相传”等34篇资料和部分图片，按照“百年矿区沐党恩”和“红色矿工跟党走”两个专题汇编为《百年煤矿话百年》一书。

习近平总书记曾强调指出：“历史是最好的教科书”。作为新时代煤矿人，只有全面学习了解党史、国史、煤炭史，从中汲取智慧和力量，才能深刻地认识和把握现在，更好地面向和开创未来。希望《百年煤矿话百年》一书，能够对读者了解和学习煤炭行业的红色历史有所帮助。

本书编写过程中，先后得到中国科协科技社团党委、中国煤炭工业协会党委等上级领导，煤炭工业著名史志专家吴晓煜等同志，以及河南省煤炭学会党委、开滦集团公司党委宣传部等省级学会、理事会员单位的大力支持，在此表示衷心感谢。由于编写时间仓促，内容如有疏漏之处，敬请广大读者批评指正。

编写组

2021年12月

目录

CONTENTS

上篇　百年矿区沐党恩　/　1

下篇　红色矿工跟党走　/　141

百年煤矿
话百年

上篇　百年矿区沐党恩

中共党史上浓重的一笔
——马克思主义在开滦的早期传播

历史长河奔流不息，真理的光芒穿越时空。

1818 年 5 月 5 日，一代伟人马克思诞生。30 年后，他与他的战友恩格斯共同起草了共产主义运动第一个纲领性文献《共产党宣言》，标志着马克思主义的诞生。1919 年春，中国共产主义运动的先驱、马克思主义的传播者来到开滦，从此，这里成为中国共产党建党的“工作重心”。

矿区留下李大钊的革命足迹

1919 年 3 月，在北京大学校门外的报摊上，许多北大的学生争相阅读一份名为《每周评论》的报纸，这是当时最有影响力的政治时事评论报纸。这一期，即第十二期，发表了一篇署名为“明明”的文章，题目是《唐山煤厂的工人生活》，文中写到“这样看来，工人的生活，尚不如骡马的生活；工人的生命，尚不如骡马的生命”，深刻揭露资本家与军阀政府对工人的残暴剥削。“明明”就是中国共产主义的先驱、伟大的马克思主义者、杰出的无产阶级革命家、中国共产党的主要创始人之一 ——李大钊。这篇文章是关于中国工人生活的第一篇纪实报告。

李大钊的家乡唐山乐亭，距开滦煤矿不过百公里。开滦煤矿，始终是这位毕业于天津北洋法政专门学堂和日本早稻田大学的革命先驱的研究调查对象。李大钊通过许多途径密切关注开滦煤矿，他看到，1878 年建矿的开滦煤矿，在英国人骗占矿权得手后，已经享有许多“特权”。然而，在机器大生产背后，矿井工作面的工人们却几十年一直使用手镐、大筐，干着牛马不如的重体力劳动。英国资本家认为：“今天在工价低贱之中国，从经济方面而论，实无利用省工机器之必要。”使用廉价劳动力，榨取高额利润，远比从国外购买机器设备更划算。开滦矿工除了受英国资本家的经济剥削，还要受由封建“把头制”演化而来的包工大柜的超经济剥削。这是一种资本主义与封建主义相结合的更残暴的剥削方式。李大钊对开滦工人表示了极大的同情与关注。

李大钊

1919 年五四运动爆发，在唐山引起了强烈的反响，6 月 12 日上午 9 时，唐山各界人民响应反帝爱国的五四运动，在唐山老火车站旁的空地上举行 3 万多人参加的公民大会，声讨日本帝国主义的强盗行径。开滦矿工闻讯后，秘密在井下串联，当天上午，有 1000 多名矿工前往参加大会，头戴柳条帽进入会场，上书“勿忘国耻”“抵制日货”字样，声援学生的爱国斗争。

工人阶级投入爱国斗争，得到了身在北京的李大钊的高度重视。他意识到：唐山有几万工人，文化水平虽然不高，但如能提高觉悟，斗争性更强，必是一支重要的革命力量！李大钊在探索中国革命的新道路时，越来越多地把关注点放在了工人身上，想通过唤醒工人阶级改造中国，实行“平民主义”。

五四运动以后，李大钊趁回家探亲的机会，抽出时间到开滦煤矿调查工人生活状况。他先到林西，找到林西矿的工人了解情况，李大钊仔细地听着，并认真、细致地记录下来。离开林西之后，李大钊又北行去了赵各庄，继续搞调查。此行，李大钊在唐山待了两天一夜，对煤矿工人的苦难生活有了更进一步的了解，对工人的基本状况有了更加清晰的认识，他指出：“过去开滦煤矿工人为了争取自己的利益进行了无数次罢工，但很难达到目的。”“要组织各矿工人尽快联合起来，在真正代表工人利益的组织的领导下，进行有意识自觉地罢工。”并提出，工人要解放，就要建立工人自己的组织。

胡乔木称赞道：“在 1919 年五四运动中，中国工人阶级开始表现出自己的力量，并开始接受马克思列宁主义的影响。上海、唐山、长辛店等地的工人，以中国历史上第一次的政治罢工参加了全国人民反帝国主义斗争，帮助斗争迅速地得到了胜利。”

革命的火种在开滦播撒

李大钊以北京大学为基地，积极宣传马克思列宁主义，团结了一批革命的知识分子，于 1920 年 3 月组织了马克思学说研究会。他积极倡导知识分子要“作民众的先驱”“把知识阶级与劳工阶级打成一气”。李大钊学习苏俄的经验，坚持把马克思的学说同工人运动相结合，用青年知识分子的爱国思想启发工人阶级觉悟，明确指出：“天津和唐山是北方两个最大的工业区，是我们工作的重心。”

李大钊支持邓中夏等北京大学学生发起的“平民教育讲演团”，到工厂、矿山开展讲演活动，旨在“增进平民知识，唤起平民之自觉心”。1920 年初，这些革命知识分子在李大钊的影响下，开始有组织地到唐山工人中宣传马克思主义。李大钊先后派出罗章龙、张国焘、邓中夏等近十位马克思学说研究会成员到唐山工作，进行社会调查，写出的《唐山劳动状况》发表在《新青年》第七卷第六期，真正达到了知识青年与工农相结合的目的。

"五一"前夕，李大钊提出要纪念"五一国际劳动节"。"五一国际劳动节"源于1889年7月，各国马克思主义者在法国巴黎召开代表大会，一致同意把5月1日定为国际无产阶级的共同节日——国际劳动节。在中国，由于产业工人队伍薄弱，直到1919年还没有确定这个劳动者的节日。北大马克思学说研究会给唐山工人寄来许多传单和小册子，有《"五一"运动史》《五月一日北京劳工宣言》等。5月1日，开滦煤矿和唐山制造厂等几个大厂矿的工人，联合举行了纪念"五一国际劳动节"的大会，会上宣读了《五月一日北京劳动宣言》。这篇宣言切实指出了无产阶级的奋斗目标和工人阶级翻身求解放的道路，喊出了广大工人的心声。工人听了以后，情绪激昂，一起高呼："五一万岁！""劳工万岁！""资本家的末日！""实行八小时工作制！"这次纪念活动不仅是唐山工人第一次纪念"五一"的活动，也是中国煤矿工人运动史上第一次纪念"五一"的重要活动，使广大工人受到了深刻的阶级教育，从而在开滦矿工的心中播下了革命的火种。

此后，马克思学说研究会与唐山工人建立了更加密切的联系，并将《共产党宣言》《新青年》《每周评论》《共产党》等进步书刊不断由北京、天津送至唐山，在工人和民众中迅速地流传起来。他们还通过创办工人图书馆、林西矿工余补习社、唐山矿大同社、铁路工人补习夜校等形式，教育组织群众，发展革命力量。

1920年11月，北京共产主义小组创办了《劳动音》周刊。在这个刊物的创刊号上，以《唐山煤矿葬送工人大惨剧》为题，报道了10月14日唐山矿发生重大瓦斯爆炸事故的真相。洋人矿师强令工人到有瓦斯的地方作业，以致极易引火的安全灯引发瓦斯爆炸，致使400多名工人死于非命。文章深刻地揭露了外国资本家残酷压榨工人血汗、草菅人命、视工人的生命如虫蚁的罪恶事实。他们及时把刊物送到开滦工人手中，工人说：这是我们的声音。

1920 年 11 月 7 日，李大钊派天津北洋大学学生谌小岑到唐山，见到了唐山制造厂邓培等人，讨论了如何组织开滦煤矿、京奉铁路唐山制造厂和启新洋灰公司的工人运动及建立工会的问题。谌小岑从唐山回到天津后，写了一份报告给天津社会主义青年团书记张太雷和第三国际代表、俄共党员鲍立维。12 月，天津社会主义青年团员谌小岑又陪同北京共产主义小组成员张国焘到唐山，住了 3 天。他们先后会见了唐山制造厂、开滦唐山矿工人，了解他们的生活状况，与邓培等人一起讨论了在唐山建立工会等问题。

1921 年 12 月，中国劳动组合书记部北方分部通过募集图书和捐款，在唐山中新街创办了唐山工人图书馆，并在《工人周刊》上发表启事，宣布唐山工人图书馆成立。这是中国共产党在开展北方工人运动时建立的第一个工人图书馆。唐山工人图书馆发展开滦唐山矿和京奉铁路唐山制造厂的工人为会员，成为一个公开的工人群众组织。工人图书馆除了公开陈列一般书刊供工人阅览外，还藏有马克思、恩格斯、列宁的著作和《新青年》《工人周刊》《先驱》等许多革命书刊，秘密借给会员阅读。中国劳动组合书记部北方分部先后派骨干以管理工人图书馆为名，向全体会员宣传无产阶级革命思想。

十月革命影响着开滦矿工

马克思列宁主义在开滦的传播是有思想基础的，这源自第一次世界大战期间俄国在开滦招募的华工，这批华工回国后成为马克思主义在唐山、在北方的传播者。

在第一次世界大战期间，俄国的劳动力非常缺乏，沙皇政府通过中国的官僚买办，招募了几十万中国人到俄国做苦工。在俄国布尔什维克的帮助下，旅俄华工逐步接受了马列主义，成立了旅俄华工联合会，并积极宣传和实践马列主义。1916 年 9 月，俄国以 3 年为期，从开滦各矿招募了 2633 名工人到俄国煤矿做劳工。开滦旅俄华工亲历了十月社会主义革命的伟大变革，目睹了俄国“穷人党”的胜利和“工人国”的变化。有的华工参加了苏俄的工人赤卫队和红军，有的参加了苏俄的工会组织，还有的亲耳聆听了革命导师列宁动员群众进行革命斗争的演讲，俄国十月革命精神深深影响了开滦旅俄华工。

1920 年初，这些华工陆续回到了开滦煤矿，把在俄国的所见所闻和亲身参与的革命实践生动形象地介绍给乡邻和工友，到处传扬和讲述俄国工人有组织的罢工斗争，讲述俄国通过武装斗争推翻黑暗统治的经过，讲述革命前后俄国工人和民众生活的变化。他们说：“俄国资本家压迫俄国工人，俄国工人就和他们斗争，他们的方法就是罢工。”“咱们要团结起来打倒资本家。”“革命后的俄国，赶走了资本家，工厂归工人管理。咱们进行斗争，也可以那样。”通过这些归国华工的介绍，开滦工人知道了十月革命，知道了列宁。这种真人实事的宣传，对激发矿工的革命觉醒起到了重要启蒙作用，为开滦工人接受马克思主义思想奠定了基础。

归国华工们的特殊经历，受到共产党创始人的重视。李大钊、邓中夏等在组织平民教育演讲团时，就特别注意联系归国华工一起从事各种革命宣传活动。这些归国华工成了共产国际和俄共在中国的中坚力量和桥梁。特别值得一提的是开滦的归国华工王德山。在共产党建立后，他又受北方党组织的派遣，重回俄罗斯，系统学习马克思主义。他曾具体负责在开滦工人中传播马克思主义。

归国华工对国外工人运动和十月革命的宣传，使开滦矿工深受鼓舞，激发了高昂的斗争热情。

1920 年 5 月到 1921 年 5 月仅一年的时间，开滦工人就连续举行了

7 次颇具规模的罢工斗争。在调查这些罢工的原因时，开滦管理人员在给英国董事会的报告中说，罢工很大程度上是因为从法国、俄国回来大批苦工，带来很激进的思想，极近乎布尔什维克主义，把这种思想大大散布在矿上的一些坏人中。这也说明了马克思主义、十月革命对开滦工人影响之巨大。旅俄华工在俄国接受的马克思主义是开滦工人运动的思想基础，是马克思主义与中国工人运动相结合的一条重要途径，为中国共产党在唐山建立党的组织奠定了坚实基础。

创建党的基层组织

1921 年 7 月 23 日，中国共产党第一次全国代表大会召开，大会决定要集中力量领导工人运动，首先是组织工会和教育工人。中共一大以后，把发展工人运动作为党的中心工作，迅即成立了从事工人运动的总机关——中国劳动组合书记部。按照中央的指示，中共北京区委、中国劳动组合书记部开始了在唐山的建党活动。

为组织北方工人阶级，领导工人运动，李大钊任中国劳动组合书记部北方分部书记。1922 年 4 月，中国劳动组合书记部北方分部在林西矿建立了工余补习社。这是一个工人自娱互助的团体，由老工匠教青年工人生产技术，看报纸、下棋，向来社聚会的工人灌输团结斗争的思想，把唐山工人图书馆转寄给他们的革命报刊念给工人听。工余补习社很受工人欢迎，社员都把“社”当成家。

不久，中国劳动组合书记部北方分部又派人来到唐山，联络唐山矿工友成立革命启蒙组织大同社。大同社设在开滦矿务局东隔壁小广东街（今新华东道北侧）孙家大院内小木楼 3 间房子里，大同社取“社会大同”之意。大同社表面上组织工人学文化、学技术，暗中向工人宣传革命道理，启发工人团结起来，向资本家展开斗争，成为宣传马列主义、开展工人运动的启蒙地和战斗堡垒，深得广大矿工拥护。

大同社里备有《新青年》《工人周刊》《先驱》等许多革命书刊供工人阅读；创办了工人夜校，组织工人学习文化和政治时事。到这里来学习的开滦唐山矿工人，通过接受革命教育，许多人成了工会运动的积极分子。

1922年6月的一天，邓培介绍唐山矿工人李星昌、只奎元、邓汝明、李长顺、谢作先、陈子云6人，在大同社加入了中国共产党。开滦从此有了第一批中共党员，成立了唐山矿党支部。根据记载，开滦唐山矿党支部不仅是河北省最早的党支部，而且也是党在全国产业工人中成立较早的党组织之一。

1922年10月23日，开滦爆发了震惊中外的五矿同盟大罢工，持续20多天，得到了社会各界的声援和支持，是中国第一次工人运动高潮中最主要的一次罢工。

在此之前爆发的香港海员罢工、长辛店工人罢工都是提出增加工资、改良待遇等经济要求，而开滦五矿同盟大罢工则在全国第一次提出了承认工会有代表工人之权、开除工人须经工会同意等政治要求，直接把锋芒指向反帝国主义侵略和压迫，斗争开始转向反帝反军阀、争取民主权利的政治斗争。开滦五矿同盟大罢工是中国共产党领导下的一次大规模罢工，虽然在政治和经济上没有达到工人提出的要求，但对全国的工人运动产生了深远的政治影响。

从此，在党的领导下，以开滦为重心，掀起了风起云涌的中国北方工人运动。正如李大钊在《布尔什维克主义的胜利》中所指出，“试看将来的环球，必是赤旗的世界”。毛泽东同志称赞开滦工人“他们特别能战斗”。

红色安源　薪火相传

美丽的萍水河畔，有一座雄壮又富有光荣革命传统的矿山矗立在狮子山下，她就是安源煤矿。安源煤矿位于江西省萍乡市，距萍乡市区直线近6公里。安源煤矿始建于1898年，由洋务运动代表人物之一、时任清政府铁路公司督办的盛宣怀，为解决汉阳铁厂燃料难题而创办，属于官督商办煤矿，当时名为萍乡等处煤矿总局，因地处安源，又称为安源煤矿。1908年，安源煤矿与汉阳铁厂、大冶铁矿联合，改设为“汉冶萍煤铁厂矿有限公司”，同时改“官督商办”为完全商办公司，发行了亚洲早期股票。清朝灭亡以后，民国时期先后改

1898年开工的萍乡安源煤矿全景

名为江西省萍乡煤矿管理处、资源委员会萍乡煤矿整理局、资源委员会赣西煤矿局。新中国成立后，1950 年设立萍乡矿务局，先后隶属中南工业部、江西省政府、煤炭工业部、华东煤炭管理局、燃料化学工业部、中国统配煤矿总公司、能源部、煤炭工业部管理，1998 年下放江西省管理，2019 年归属安源煤业集团管理。2020 年矿井核定生产能力 78 万吨/年，煤种为 1/3 焦煤，主要产品为 11 级冶炼精煤和电混煤。

红色安源　星火燎原

安源煤矿，曾是我国近代工业十大厂矿之一，是中国最大煤铁联合企业汉冶萍公司的重要组成部分，也是中国工人运动的发源地、秋收起义的策源地和主要爆发地，既有悠久的工业文明，又有浓厚的红色底蕴。

安源煤矿是中国近代最早采用先进技术开采的煤矿之一，虽然具有较高的生产技术，但由于旧中国政治腐败和“三座大山”的压迫，煤矿工人与路矿当局资本家之间的阶级利益冲突不断，矛盾日益加深，已经到了不可调和的地步。

安源煤矿工人闹工潮，从一开始就带有政治目的，并且是以团体形式出现的。据史料记载，从 1901 年开始，安源煤矿大的工人运动事件就有 8 次，尤其以萍浏醴起义影响最大。然而，由于没有正确的政党做领导，这些起义要么只是封建江湖义气，要么成为被人利用的工具，最终由于清政府和路矿当局的严酷镇压，历次起义均以失败告终。

1921 年秋，中国共产党刚成立不久，毛泽东走进江西安源，拉开实现和完成党的一大确定的成立产业工会和开展工人运动革命任务的大幕。毛泽东以走亲访友的名义，从湖南长沙来到安源实地考察。

他下矿井，进工棚，了解矿情民意，认定安源是工人运动可能很快开展起来的地方，从而确定安源为湖南支部的重点工作地区，并先后派遣李立三、刘少奇等来安源开展工人运动。

1922 年 2 月，中国共产党产业工人中的第一个党支部——中共安源路矿支部在安源煤矿成立，有党员 6 人，李立三任书记。从此，安源工人运动在中国共产党的领导下开展工作。5 月 1 日，成立了安源路矿工人俱乐部，李立三、朱少连分别被选为俱乐部正、副主任，有成员 300 人。1922 年 9 月 14 日，爆发了震惊中外的安源路矿工人大罢工，并取得全面的胜利。安源路矿工人大罢工胜利后，路矿工人踊跃加入安源路矿工人俱乐部，占路矿工人总数的 90% 以上。刘少奇对于这次罢工斗争做了概括：“这一次大罢工，共计罢工五日，秩序极好，组织极严，工友很能服从命令。俱乐部共用费计一百二十余元，未伤一人，未败一事，而得到完全的胜利，这实在是在幼稚的中国劳动运动中绝无而仅有的事。”

1922 年 9 月 18 日，安源路矿工人举行万人大会，庆祝大罢工的胜利

从此，在中国共产党的领导下，安源煤矿在组织团体、工人教育、经济维权、统一战线、政治斗争、工人自治、党团建设、工农结合、武装斗争等方面不断开拓发展，在全国革命低潮期，安源工运却奇迹般地在中国大地上岿然独存，并持续发展，呈燎原之势。中共四大期间（1925 年 1 月），安源煤矿的中共党员人数增至近 230 人，约占当时全国党员总人数的 1/5，成为全国最大的、产业工人成分最集中的中共地方党组织。因此，中共三大、四大、五大、六大都有安源党组织的代表参加，如中共安源地委代表朱少连当选为中央三大执行委员，任驻湘委员，是中共史上最早的产业工人身份的中央委员之一。

在持续近十年的工人运动中，安源创造了中共史上众多个第一，全国产业工人中最早的基层支部——中共安源支部（1922 年 2 月）和共青团安源支部（1921 年 12 月）；兴建了中国工人阶级第一座大厦——安源路矿工人俱乐部大厦；创办了中共最早的经济组织——安源路矿工人消费合作社，发行了中共最早的纸币和股票（1922 年 7 月）；建立了中国共产党领导下的最早的民兵组织——安源路矿工人纠察队和侦探队（1922 年 9 月）；领导了最成功的罢工斗争——安源路矿工人大罢工（1922 年 9 月 14—18 日）；由毛泽东、刘少奇、李立三等革命领袖亲自培育了我党最早的革命精神——安源精神；创办了最早的地方党校（团校）——安源地委党校（团校）（1924 年 10 月）；创建了最早的少年先锋队——安源劳动童子军（1924 年 1 月）；办理了最早反腐《公约》和肃贪第一案（1922 年 10 月—1923 年 8 月）；创办了最早的教育管理机构——教育计划委员会（1924 年 10 月）；建立最早的审计部门——审查部（1923 年 4 月），司法部门——裁判委员会（1923 年 5 月）；创办了工矿企业中最早的工人刊物——《安源旬刊》等。因此，安源被誉为当时中国“无产阶级的大本营”“中国的小莫斯科”。

1922 年 7 月创办的安源路矿
工人消费合作社

1924 年 10 月创办的
安源地委党校

1925 年 9 月，汉冶萍公司总经理盛恩颐制造了九月惨案，可是安源工人并没有被压垮，他们从地下爬起来，揩干身上的血迹，掩埋好同伴的尸首，又义无反顾地继续战斗。1926 年北伐战争爆发，安源工人积极支援北伐战争，1000 多名安源工人加入到叶挺独立团。1927 年将介石制造了“四一二”反革命政变，紧接着许克祥在长沙制造了马日事变，疯狂屠杀共产党人和人民大众。为了反抗国民党反动派，根据中共八七会议精神，毛泽东以中央特派员和秋收起义前敌委员会书记的身份在安源张家湾召开了秋收起义军事会议，组建工农革命军第一军第一师（下辖三个团），安源工人编为第二团。在攻萍乡、打老关、战醴陵、克浏阳的战斗中，安源工人冲锋陷阵，不怕牺牲，勇敢顽强，表现出了特别能战斗精神。中共中央曾高度评价，“攻打萍乡、醴陵、浏阳，血战几百里的领导者和先锋，就是素有训练的安源工人”“可以说，秋暴颇具声色，还是安源工人的作用”。

一个工矿企业，曾经有两位伟人（孙中山、毛泽东）在这里领导革命斗争，又有一大批革命家和工人领袖（刘少奇、李立三、陈潭秋、蒋先云、毛泽民、林育英、李求实等）长驻安源工作；蔡和

安源张家湾秋收起义军事会议旧址

森、李维汉、恽代英、林育南等党的著名活动家来安源巡视指导；毛泽东、朱德、彭德怀、滕代远、黄公略、陈毅先后三次率红军来安源扩红；黄静源、刘昌炎、谢怀德、周怀德、邓贞谦、王毅等一大批革命先烈为了党和人民的革命事业英勇献身，并且有众多工人参加红军，这在近代中国工人运动史和中共党史上都是罕见的。从安源煤矿走出去的路矿工人中有 15 位成长为将军，20 多人成为新中国党、政、军高级干部（如萧劲光、杨得志、刘先胜、韩伟、方强、谭希林、丁秋生、晏福生、唐延杰、吴烈、罗华生、王耀南、罗桂华、幸元林、熊飞等将军，孔原、吴运铎等众多高级干部），因而安源煤矿也被称为“将军矿”。

安源路矿工人革命运动，是马克思列宁主义与中国工人运动初期结合的重大事件，是中国革命链条中的重要一环；这一成功范例，在中国共产党领导的工人运动和中国革命的历史上，占有重要地位。

义无反顾，敢为人先

新中国成立后，党中央、国务院及毛泽东、刘少奇等党和国家领导人对安源煤矿的复产工作十分重视。安源煤矿工人积极响应党中央的号召，发扬义无反顾、敢为人先的革命精神，为发展社会主义经济，以努力报答党的恩情的饱满激情积极投入到矿井复产的社会主义建设高潮中。面对惨遭破坏后的总平巷、井口长年流着黄锈般的臭水、到处是断壁残垣野草丛生的荒凉景象，在安源煤矿中共党组织的坚强领导下，工人们团结一心，加班加点，不计报酬，拼命工作，提前56天完成了修复一万多米垮塌的巷道、排干113万吨井下积水、铺设1800多米铁路的任务。经过全矿工人的艰苦努力，1954年10月，安源煤矿成功实现复矿复产（1939年由于日本帝国主义侵略，安源煤矿拆迁并停产达15年之久）。1956年8月，总平巷正式出煤，当年产煤145455吨。

1957年，安源煤矿一边抓生产，一边搞扩建，在恢复总平巷的基础上，又新建了暗立井；开拓了上煤组和西平巷，使煤炭产量不断上升。到1958年，全年产煤403488吨。只用3年多一点的时间就达到安源煤矿1939年停产前的平均年产水平。

1971年，安源煤矿再接再厉，南翼上煤组投产；1975年三水平正式投产后，全矿三个水平同时生产；1979年年产原煤达1215092吨，超过历史纪录（1911年111.5万吨）。之后连续14年年产超百万吨，成为萍乡矿务局的主力矿井。截至2020年，安源煤矿已为国家奉献了近亿吨优质煤炭（这是在江南煤炭赋存条件相对困难条件下取得的成绩）。由安源煤矿繁衍发展起来的萍乡矿务局，已由一个煤矿发展成为集煤炭生产、建筑安装、火工建材、汽车制造、综合电力、新型管道、玻璃煅烧、国外工程等于一体的跨地区、跨行业的大型国有企业——萍矿集团。矿厂遍布省内外，形成了以煤为本，多业并举，综合发展的格局，职工人数最多时达 3.87 万人，矿区人口 16 万人，萍乡成为名副其实的江南煤城。

安源煤矿是一个富有光荣革命传统的煤矿。新时代的安源工人不但吃苦肯干、特别能战斗，而且更守纪律讲奉献。近年来，全矿职工在矿井煤炭资源逐渐枯竭，进入深部开采后，在生产难度加大、生产成本增加等诸多不利条件影响下，坚持深化企业机制改革，坚持以市场为导向，以经济效益为中心，大力实施科技兴矿战略，不断促进管理创新，企业经济效益、职工收入得到稳步增长。矿井年生产能力保持在 70 万吨，冶炼精煤年产 30 万吨；安全生产形势稳定，消灭了重大人身伤亡事故和灾害性事故，矿井安全生产标准化保持一级水平。

安源煤矿在提高经济效益的同时，也开展了精神文明创建工作。兴建了国家矿山公园、毛主席来安源铜像广场、谈判大楼广场、总平巷广场以及盛公祠广场等，进行绿色矿山建设，矿区环境焕然一新。协助拍摄了《燎原》《大泽龙蛇》《安源儿童团》等电影，以及电视剧《少奇在安源》《黑天鹅》《李立三》《毛泽东去安源》；举办了“毛主席来安源铜像落成”“玫瑰之约”，协办了“心连心”等大型活动，大大提升了安源煤矿的知名度。

安源煤矿也得到了历任党和国家领导人的关怀和重视。党和国家领导人毛泽东、刘少奇、周恩来、朱德、宋庆龄等多次接见萍矿工人代表；刘少奇为“萍矿工人报”题写刊头；邓小平为安源纪念馆题词；江泽民为秋收起义纪念碑题词；习近平更是多次赞扬安源历史；还有众多党的领导干部来安源指导工作。这些都给予了安源煤矿工人以巨大鼓舞，也为安源增添了绚丽色彩。安源矿工潘世告、杨和平、孙炎林、张来清分别当选党的九届、十届、十一届、十五届、十九届全国代表和人大代表；杨和平、王湘萍、张来清被授予全国劳动模范；吴彦强、刘忠亮、王文华、苏元冬、丁建刚被评为省部级劳动模范。安源煤矿曾先后荣获了全国煤炭工业先进煤矿、全国煤炭系统文明煤矿、全国依法生产先进煤矿、中组部先进基层党组织、江西省优秀基层党组织、江西省煤炭工业优秀企业、江西省安全文明矿井等荣誉称号。

总平巷工业广场

盛公祠广场

毛主席来安源铜像广场

谈判大楼广场

风雨百年路，党是领路人。安源煤矿工人经历的风风雨雨，始终离不开中国共产党的领导，永远紧跟党走，这是安源煤矿工人不变的精神。实现中华民族伟大复兴的时代号角已经吹响，在这场前所未有的大变革中，安源工人将坚持以马克思列宁主义、毛泽东思想、邓小平理论、“三个代表”重要思想和科学发展观、习近平新时代中国特色社会主义思想为指导，高举中国特色社会主义旗帜，发扬“义无反顾，敢为人先”的安源精神，坚持改革，强化管理，努力再立新功。目前，安源煤矿正凭借丰富的矿业遗迹景观和红色人文景观资源，努力改造和完善矿区环境，为促进企业持续稳定发展，开发旅游经济，实现百年老矿战略转型积蓄力量。

“特别能战斗”精神在焦作煤矿的传承与弘扬

焦作煤矿是中国近现代工业的重要见证者、参与者和创造者，是“特别能战斗”精神的重要发源地之一，见证了中国共产党在怀川大地革命之初的初心和使命。毛泽东曾在《中国社会各阶级的分析》一文中，盛赞焦作矿工“特别能战斗”。从此，“特别能战斗”精神薪火相传、历久弥新，成为焦作煤矿最宝贵的精神财富。步入新时代，焦煤集团以党史学习教育为契机，将“特别能战斗”精神丰富发展为“特别能担当、特别能创新、特别能创效、特别能奉献”，并

總理衙門奏定河南開礦章程

倘應如何撥歸與使用數十年後應如何酌籌
費又平日作工每日若干時刻各節統俟開礦後再由
豫豐公司會同福公司採擇歐美各礦妥籌章程商請
巡撫定奪
十三福公司於各礦開辦之始即於礦山就近開設礦務
鐵路學堂由地方官紳選取青年穎悟學生二三十名
延請洋師教授以備路礦因材選用此項經費由福公
司籌備
十四豫豐公司所借福公司銀一千萬兩係約估之數將

1898 年 6 月 21 日，清政府批准的开矿章程

通过“四个一”红色工程，赓续红色基因，凝聚奋进力量，为企业打造百年焦煤、平安焦煤、活力焦煤、幸福焦煤注入了强劲动能。

焦作煤矿“特别能战斗”精神的缘起

1898年6月21日，伴随着“维新变法、实业救国”的思潮，河南豫丰公司与英国福公司签订了《豫丰公司与福公司议定河南开矿制铁以及转运各色矿产章程》，使英商福公司实际控制了焦作煤矿的采矿权，拉开了焦作煤矿大工业开采的序幕。煤炭的工业化开采使焦作成为国内继开滦、抚顺煤矿之后第三大煤矿，大生产吸引了一大批失地农民来到焦作，河南的第一批产业工人也在这里产生。根据《焦作煤矿志》记载，到辛亥革命前，焦作煤矿工人数量达到8400人，约占全国外资厂矿工人总数的7.7%。

1921年，在中华民族内忧外患、社会危机空前深重的背景下，在马克思列宁主义同中国工人运动相结合的进程中，中国共产党诞生了。这一开天辟地的大事件，深刻改变了近代中国人民和中华民族的前途和命运。中国共产党成立之初，以领导工人运动为党的中心任务，焦作煤矿也成为党开展工作的重点区域。

1925年5月30日，上海发生了震惊中外的五卅惨案，点燃了中国人民压抑已久的怒火，也激起了焦作人民对帝国主义积郁多年的仇恨，反对帝国主义的烈火很快在煤城燃烧起来。6月中旬，为了加强由五卅惨案激发的广大人民的反帝运动，中共中央、中共北方区委对各地加派干部，许多优秀共产党员先后到豫陕地区工作。受中共豫陕区领导人王若飞委派，共产党人罗思危、刘昌炎、吴光荣、杨天然、王则鸣、刘伯庄、王电生等人陆续来到焦作煤矿，在矿工中组建党团组织，使团结起来的焦作煤矿工人有了坚强的领导核心。

经过酝酿和准备，1925年7月6日，福公司资本家的家庭炊事

焦作煤矿反帝罢工领导人合影

员、杂役工人及部分煤矿机电修理厂工人 200 多人，首先举行罢工。继而，焦作各学校学生进行罢课，商人也举行了罢市。这天上午，焦作矿区的工人、学生、商人和市民 3000 多人在矿区中心的中山公园，举行群众大会，声讨英、日帝国主义屠杀中国人民的罪行，声援上海人民的爱国正义斗争，并向民众散发呼吁书。

7 月 8 日，福公司的李封矿、王封矿工人六七百人，在李封矿附近的天爷庙前举行反帝大集会。焦作矿区的工人、学生 2000 多人也赶来参加。中共中央派来的领导人罗思危在大会上慷慨激昂地介绍了英、日帝国主义枪杀共产党员、工人顾正红，制造五卅惨案的经过，愤怒揭露了福公司掠夺焦作煤炭资源，残酷压迫剥削煤矿工人的罪行，号召工人、学生、市民团结起来，结成联合战线，反对帝国主义，支援上海人民的反帝爱国运动。会后，在罗思危的带领下，与会工人、学生、市民在王封、李封矿区举行了示威游行。工人、学生和市民的怒火越烧越旺，一场更为巨大的“三罢”运动已经如箭在弦。

7 月 9 日，焦作煤矿工人在共产党的领导下，举行了总罢工。凌晨3 点，福公司煤矿的汽笛长鸣，总罢工信号划破黎明前的夜空，顿时电灯不亮、水源不通、锅炉熄火、绞车停转、矿工离工，10000 多名煤矿工人举行总罢工。与此同时，焦作学校开始总罢课，商人也进行总罢市，驻军部分官兵也加入了游行队伍。随即，中原煤矿公司、道清铁路工人举行罢工。焦作矿区形成更加广泛的统一战线。各个角落都有人发表演说、张贴标语、散发传单，反帝爱国的暴风雨荡涤焦作大地，迅速影响到全国。

为了加强对工人运动的领导，7 月 9 日下午，召开了煤矿工人代表大会，通过了《焦作煤矿工会章程》，成立了焦作煤矿工会、焦作厨师工会，21 人组成执行委员会，160 名工人积极分子组成煤矿工人纠察团。这次工人代表大会通过了几项重要提案：决定成立焦作煤矿总工会，禁止工人到福公司各矿厂上班，禁止商店卖货给英国人，限制福公司的英国人与外界联系等。工人纠察团团员手持木棍、日夜巡逻，凡是违反工会决议与福公司勾结破坏罢工的一律严惩。在这种情况下，英国资本家及其眷属被迫撤离焦作。

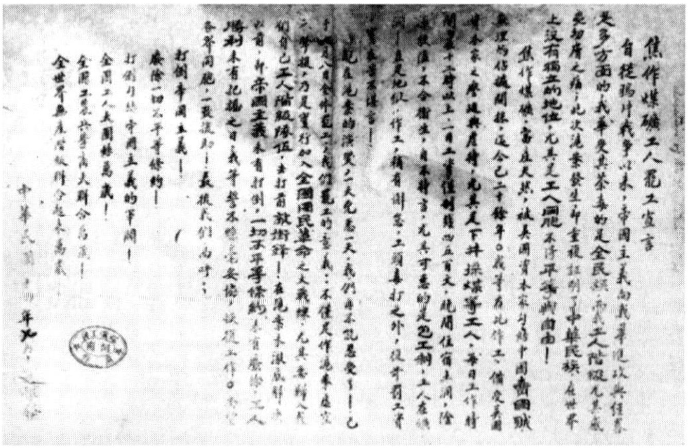
焦作煤礦工人罷工宣言

打倒帝國主義！
廢除一切不平等條約！
打倒勾結帝國主義的軍閥！
全國工人大團結萬歲！
全國工農兵學商大聯合萬歲！
全世界無產階級解放萬歲

焦作煤矿工人罢工宣言

7 月 12 日，罢工指挥部刊发了《焦作煤矿工人罢工宣言》(以下简称《宣言》)。《宣言》提出“全国工人大团结万岁！全世界无产阶级联合起来万岁！”的口号。《宣言》以快邮代电形式发往全国，《晨报》《民国日报》《新闻报》《申报》《大公报》等均在显著位置刊登。《宣言》的发表，使焦作矿区人民受到了极大鼓舞，增强了反帝斗争的信心。学生和各矿厂工人宣传队，组成了一支浩浩荡荡的宣传大军，走向街头及附近农村，进行反帝爱国宣传。

在福公司工人罢工浪潮的影响下，中原煤矿公司工人也举行了大罢工。7 月 31 日罗思危等 6 名罢工领导人，到李河煤矿发动工人群众。8 月 5 日在李河成立了焦作煤矿总工会李河分会，组织了工人纠察团。8 月 6 日向中原煤矿公司提出 7 项条件，并限 24 小时答复。8 月 10 日中原煤矿公司仍然没有答复，遂罢工。8 月 16 日中原公司迫于罢工压力，公布了《暂定奖励工人长期做工办法》，满足了工人提出的条件。中原煤矿公司工人罢工取得胜利，沉重打击了资本家的气焰，显示了工人阶级团结互助的精神。

为了使罢工斗争能够持久进行下去，焦作党组织和煤矿工会组织了五支募捐宣传队伍，到开封、郑州、洛阳、许昌、信阳、驻马店、新乡、安阳、修武、武陟、汲县等地筹集资金。焦作煤矿总工会成立后，工会办起了工人补习学校，进行马列主义宣传和阶级斗争的教育。9 月 18 日，河南省总工会在郑州成立，焦作煤矿总工会是发起团体之一。之后焦作煤矿总工会、道清铁路工会、厨师工会、职员工会联合成立了焦作总工会。

焦作大罢工得到了全国各地的声援。7 月 14 日全国铁路总工会通电：“福公司煤矿工人为声援沪、清、汉、粤之工友已全体罢工。本会自得此消息后，除积极设法捐款援助外，特此通电国人，共起援助，是为盼切。”正在开封访问的苏联援华代表团，邀请焦作煤矿工会宣传队的代表座谈，给予很高评价。开封圣安德烈学校全体学生宣告退学，以示声援。天津的军政学各界先后召开会议，商讨如何援助焦作工人罢工。开滦、安源煤矿派出代表到焦作介绍他们的斗争经验。

为阻止和破坏罢工运动，福公司一方面利用封建把头瓦解、破坏工人队伍，另一方面从开滦煤矿招募矿工来焦作进行复工。对此，焦作煤矿工会发表了《河南焦作煤矿工会致开滦诸工友书》，陈情利害。该书迅速得到了开滦煤矿工人的积极响应。

10 月 31 日，《民国日报》公布了河南焦作煤矿工会要求解决罢工的 22 条复工条件。后经三次谈判，最终迫使福公司答应了工人的复工条件，签订了《一九二六年罢工条款合同》，主要内容有：承认工会有代表工人的权利，不准随意解雇工人，罢工期间工资照发，增加工资 30% ，改善工人劳动保护，每日工作 8 小时，工伤事故厂方负责，发放死亡、伤残抚恤金等。

1926 年 3 月 6 日，焦作煤矿工人隆重举行复工大会，工会制作"万人旗"，在旗上印了复工条款，并签上了罢工工人的姓名。至此，长达 8 个多月之久的焦作煤矿工人大罢工，以工人的胜利而告终。焦作煤矿工人的这次大罢工，是当时罢工时间最长，工人没有流血牺牲，最终取得胜利的成功典范，在中国工运史上留下了光辉的一页。

在这场历史意义不凡的罢工斗争中，焦作煤矿建立了共产党领导的党组织——中共焦作支部干事会、工会组织——焦作煤矿总工会。在罢工期间经受锻炼的工人代表被选派到外地工作和学习，江田、李鸣秋、张作兴、吴会治、周福元、关永福 6 名优秀工人代表参加了黄埔军校和农民运动讲习所，其中选派罢工期间积极参与宣传工作的关永福到毛泽东担任所长的第六届广州农民运动讲习所学习。学习期间，在听取了关永福同志对焦作煤矿大罢工情况的介绍后，毛泽东对焦作煤矿反帝大罢工给予了高度赞誉。

1925 年 12 月，毛泽东在《中国社会各阶级的分析》一文中，对焦作煤矿工人的罢工给予了高度评价：“工业无产阶级人数虽不多，却是中国新的生产力的代表者，是近代中国最先进的阶级，做了革命运动的领导力量。我们看四年以来的罢工运动，如海员罢工、铁路罢工、开滦和焦作煤矿罢工、沙面罢工以及五卅惨案后上海香港两处的大罢工所表现的力量，就可知工业无产阶级在中国革命所处地位的重要。他们所以能如此，第一个原因是集中。无论哪种人都不如他们集中。第二个原因是经济地位低下。他们失去了生产手段，剩下两手，绝了发财的希望，又受着帝国主义、军阀、资产阶级的极残酷的待遇，所以他们特别能战斗。”《中国社会各阶级的分析》一文是毛泽东在民主革命时期的重要代表作之一，文章运用马克思主义的阶级分析方法，将中国社会各阶级分为五大部分，即地主阶级和买办阶级、民族资产阶级、小资产阶级、半无产阶级、无产阶级。它阐明了中国新民主主义革命的对象、动力、领导权和性质、前途等一系列重大理论问题，正确解决了革命中最主要的同盟军问题，是在当时中国社会历史环境下阶级分析论的典范，奠定了毛泽东阶级分析的理论基础，是中国新民主主义革命思想发端的重要标志。

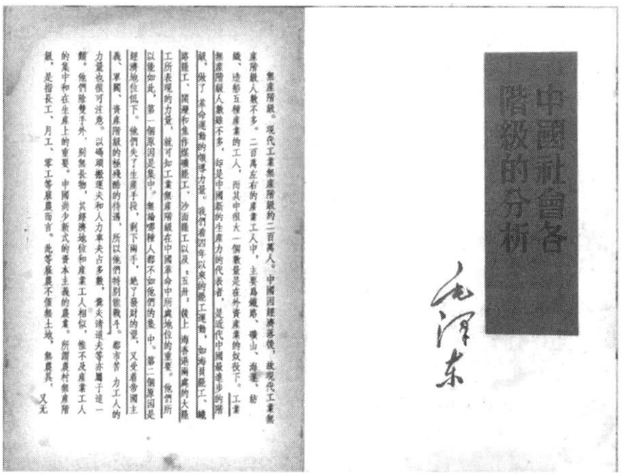

“特别能战斗”精神在各个时期的发展

追寻历史脉络，“特别能战斗”精神在焦煤大体上经历了三个发展阶段，在各个历史时期都展现出了强大的生命力。

1949年之前“特别能战斗”精神的发展。新中国成立之前，“特别能战斗”精神集中体现在焦作煤矿工人听党话、跟党走的坚定革命政治立场，以及不甘屈辱、不怕流血牺牲的民族气节。抗日战争时期，焦作煤矿将4000多吨矿山机器设备进行转移，在湖南建立了湘潭煤矿，在四川合资改造创立了天府、嘉阳、石燕、威远4座煤矿，所产煤炭可以供四川一半以上工厂生产和民用，为坚持抗战做出了重要贡献。1946年，为反击蒋介石集团发动的内战，在共产党的领导下，焦作煤矿完成了第二次大转移，在山西建立了西白兔发电厂、平城镇义汉村兵工厂和五阳煤矿，为中国革命和民族解放做出了重要的贡献。

1949—1978年“特别能战斗”精神的发展。这一时期，以“感党恩”为内核的“特别能战斗”精神主要表现为出大力、流大汗，多出煤、出好煤，革故鼎新、勇于创造，顽强拼搏、为国奉献。矿山解放后，翻身做主的焦作煤矿工人积极响应党的号召，迅速恢复煤炭生产，以极大的热情投身于新中国的经济建设。三十年间，生产煤炭近2亿吨，有力地支持了国民经济的恢复和发展，创造了煤炭安全、成本、效益等多个全国第一，成为全国重要的能源基地、中国煤炭工业的一面旗帜，涌现出了刘九学、王金生等一批闻名全国的先进典型。

1978—2012年“特别能战斗”精神的发展。这一时期，“特别能战斗”精神集中体现为百折不挠、永不言败，服从大局、勇于牺牲，不惧挑战、敢闯敢试。在从计划经济向市场经济的艰难转折之初，焦作煤矿生产经营遇到极大困难。对此，焦作矿工积极拥护改革、热情参与改革，转换内部机制、发展多种经营。在焦作煤矿组织“一年扭亏”的攻坚战中，1996 年 7 月，吴邦国副总理到焦作煤矿视察，称赞焦煤干部员工思想解放，在扭亏增盈方面给全国带了个好头。这一时期，以“矿山铁汉”丁百元为代表的五万煤矿职工始终坚守岗位，与企业风雨同舟，全力维护了矿区的政治经济形势稳定，在煤矿多种经营扭亏脱困方面给全国煤炭企业树立了典范。

20 世纪末，国企改革进入攻坚阶段，焦煤按照“抓住机遇，落实政策，先保存下来；推进改革，分路突围，想法冲出去；确立主攻方向，寻找新的经济增长点，使企业再发展起来”的工作思路，先后对 7 个资源枯竭矿井实施破产重组，对 12 家地面单位进行改制；扩建演马电力，投产冯营电厂，在百里矿区建立起 500 公里自主供电网络。相继开工建设了年产 240 万吨的赵固一矿和 180 万吨的赵固二矿，两条日产 5000 吨的大型干法水泥生产线投入运行。积极推广综合机械化采煤技术，打破了焦煤不能上综采的论断，矿井产量逐步攀升，百年焦煤再次焕发出勃勃生机。时任河南省委书记的徐光春同志为焦作煤矿建矿 110 周年题词“百年老矿，生机盎然”。

新时代“特别能战斗”精神的传承与发扬

步入新时代，“特别能战斗”这一红色革命精神成为助推焦煤集团实现高质量发展的强大精神动力。为传承好、弘扬好“特别能战斗”这一红色基因，焦煤集团以党史学习教育为契机，将“特别能战斗”精神延伸拓展为“特别能担当、特别能创新、特别能创效、特别能奉献”，并通过“四个一”红色工程，积极构建焦煤集团红色品牌文化，引导和教育广大员工不忘初心、牢记使命，担当作为、务实创新，为企业转型发展贡献智慧与力量。

打造红色文化工程。一是编撰《焦作煤矿与特别能战斗精神》《印象焦煤画册》《焦作煤矿 120 年历史纪事》等书籍，回顾梳理焦作煤矿波澜壮阔的工人运动，不断为焦煤文化注入新的时代内涵，让百年焦煤文化出重彩、更精彩。二是制作电视专题片《特别能战斗精神永传扬》《百年焦煤再起航》，充分展现焦煤干部职工务实创新、拼搏进取的精神风貌。三是举办文化专题巡回讲座，帮助广大员工重温焦煤发展历史，增强企业向心力和凝聚力。四是举办图片展，持续深化干部职工对“特别能战斗”精神内涵的理解，凝聚共识，汇聚力量。

打造红色堡垒工程。一是充分发挥党支部战斗堡垒作用，把学习传承“特别能战斗”精神纳入标准化支部建设，通过搭建党支部书记上党课宣讲和展示平台，扩大红色精神传播的途径。二是在各单位建设起以党支部书记为组长，以支部委员为骨干，党员为基础、员工群众广泛参与的红色队伍，引导党员干部在企业安全生产、经营管理等工作中率先垂范。三是组织开展“有困难找组织，有困难找书记”“一个党员一面旗”等红色活动，真心实意帮助困难员工解难题、办实事，传承红色基因，凝聚发展正能量。

打造红色阵地工程。一是建设中共焦作煤矿党史陈列馆，通过文字、照片、沙盘和实物等形式再现焦作煤矿党组织的发展历程以及“特别能战斗”精神。二是依托企业丰富厚重的工业历史遗存，建设“王封·西大井 1919 文旅景区”，修缮“焦作十二会”新华公司遗址，打造以展现红色革命精神风貌为主的红色教育基地、党史教育基地。三是建立焦作煤矿工会历史进程展厅、焦煤集团荣誉展厅，生动展示焦作煤矿发展历程，鼓励广大干部员工不忘初心，砥砺前行，不断推动企业持续健康稳定发展。

打造典型引领工程。先后组织开展焦煤杰出贡献人物评选表彰及“特别能担当”人物评选表彰活动，激励全体干部员工以先进为榜样，真抓实干当表率，立足岗位建功勋。举办谢延信事迹展览会、建设刘金玉事迹展览馆、申麦成创新工作室、劳模宣传墙等先进模范学习阵地，让广大干部员工学有标杆、做有示范、干有榜样、赶有目标。充分发挥企业内部报纸、电视、新媒体作用，以典型引领传承和弘扬“特别能战斗”精神。

初心不改整装再出发，只争朝夕阔步新时代。“特别能战斗”精神诞生以来，焦作煤矿栉风沐雨、奋楫笃行，为我国煤炭事业的发展和国家经济建设做出了重要贡献。步入新时代，焦煤集团将以习近平新时代中国特色社会主义思想为指引，牢记初心使命，弘扬革命精神，务实担当作为，奋进复兴征程，奋力谱写企业高质量发展新篇章。

淄川炭矿工人南庙大罢工

1928年6月，在淄川反动政府的逼迫下，淄川炭矿工会被迫迁到洪山镇铁路以东的马棚里。6月18日，反动政府又派人堵住马棚的门，工会转移到马家庄南庙办公。这时，淄川炭矿又传出了裁人的消息，矿工的怒火再也按捺不住，纷纷要求立即罢工进行反抗。

6月22日，张洛书、李英杰和工会委员们连续召开了工运积极分子会议，决定于6月25日晨6时，淄川炭矿全体工人举行总罢工，反对矿方裁减工人，要求增加工资、增加抚恤金，改善待遇。6月22日、23日各代表在各井串联发动群众，约定时间，统一行动。

为了更广泛地发动工人和争取社会同情，6月24日，工会发表了《罢工宣言》。同时，向鲁大公司写信提出了“增加工资，反对裁减和虐待工人”等22项条件，其中里工10条、外工12条，限6小时内答复。鲁大公司中日资本家拒绝了工会提出的条件，于是淄博煤矿第一次大罢工开始了。

6月25日拂晓，正是工人上下班的时间，工人积极分子在矿井附近张贴散发传单；工人纠察队员分赴各个矿井口、机械房和交通要道站岗，监视包工把头，不准强迫工人上班。淄川炭矿及所属十里庄、南旺、大昆仑分矿的4000多名工人全部参加了罢工。当班的七八百工人，按照工会事前的布置，高举旗帜标语，齐集在淄川炭矿南马家庄南庙举行罢工大会。会上工会代表20余人发表讲话，揭露中

淄川炭矿工会旧址

日资本家剥削工人的罪行，一致要求资方全部答复罢工条件，不达目的决不复工。

中日资本家非常惊慌，立即派制造济南“五三”惨案后进驻炭矿的日军松田中队前往镇压。日军荷枪实弹，包围了罢工会场。工人们为了保卫会场，保卫罢工，面对杀人成性的日军毫不畏惧，勇敢地与他们展开了搏斗。工人纠察队队员董仲义一镢柄把一个敌兵打倒在地，把机枪夺在了手中；工会武装委员李成孝踢倒另一个敌兵，夺来了敌兵的步枪；另外两个纠察队员也夺了两支枪。愤怒的罢工群众，组成了一道巍然屹立的人墙，使日军不敢前进，终于成功保卫了罢工会场。

罢工当天，日本驻博山领事馆淄川派出所巡查部长樱井三郎急忙向日本驻博山的外务主任佐佐木高义报告了罢工情况。佐佐木 26 日匆匆赶到淄川，要求国民党淄川县政府镇压。淄川县长陈学海以仲裁人的伪装笼络、欺骗工人，企图破坏罢工。经过工人坚决的斗争之后，矿方答应不再打骂工人、不付半工和不扣工具钱等条件，罢工取得了初步胜利。

1928 年 6 月 25 日，淄川炭矿工人南庙大罢工

淄川炭矿工人南庙大罢工，为矿区以后的斗争提供了经验，锻炼培养了工人运动的骨干，积累了革命力量，在全国产生了深刻影响。

白色恐怖中建立党组织

20世纪初，枣庄中兴公司（枣矿集团前身）煤炭经营红火，名噪大江南北，因此成为北洋军阀和国民党重点争夺并严酷统治的地区，并在矿区制造了革命势力难以插足的白色恐怖地带。

枣庄中兴公司的工人虽然在资本主义性质的企业里工作，但是依旧受着封建主义的压迫和资本家的剥削。为了利润，资本家把工人的工资压到最低水平，一般月工资在7元左右，最低的只有三四元。从1899年枣庄中兴公司成立到1926年的二十七年间，矿工的工资几乎没有变动。当时的资本家不给工人提供住处，单身矿工都住在"窑户铺"里。"窑户铺"的房子低矮、破烂、污秽、潮湿，夏天酷热，冬天冰冷。这种简陋的店铺，工人每天还要向"窑户铺"老板付五个铜钱的店钱。大一点的"窑户铺"往往要住上五六十人，不管大人和小孩、有病的和无病的，横七竖八地挤在一起，里面蚊蝇、臭虫、虱子、跳蚤随处可见，工人随地便溺，污秽不堪。住在"窑户铺"里的工人，绝大多数没有衣服穿。部分工人披着捡拾的麻袋片，有的甚至赤条条一丝不挂。下井时不得不临时到当铺租一条裤子。

那时的煤矿工人在政治上受压迫、经济上受剥削，过着极其悲惨的生活。资本家和封建把头的残酷压迫和剥削，激起了矿工们的强烈反抗。他们有时通过抱团结伙直接与把头进行斗争，有时通过怠工、逃跑、在井下暗处殴打恶霸把头等方式，发泄心中不满。但这种斗争都是零星自发的，并不能从根本上改变命运。

直到1926年，中国共产党派人到枣庄矿区发展工人运动，建立革命组织，才从根本上改变了矿工的命运和社会地位，引导煤矿工人一步步走上革命道路。从此，枣庄矿区的建党活动就像扑不灭的火焰、斩不尽的野草，生生不息，留下了很多感人的故事。

纪子瑞

1926年初，中共山东地方执委会先后派遣一位姓李、一位姓张的同志到枣庄矿区发动工人运动，筹划建立党组织，但因为军警盘查极严且没有职业掩护而无法立足。3月，执委会又派纪子瑞到枣庄中兴公司开展工人运动并从事建立党组织工作。纪子瑞，又名纪济民，1895年出生，胶县里岔村人。纪子瑞到枣庄后，以在井下干小工为掩护，经常向矿工们宣传革命道理，启发工人的阶级觉悟。纪子瑞先后介绍了张福林、郭长清、蒋福义、王文彬、杜宝财、芮庆红、房洪春、陶福元、刘雁德、吴均山等10余名青年矿工加入中国共产党。1926年7月，正式建立了枣庄矿区党支部，纪子瑞任书记，张福林为委员。这是中国共产党在枣庄地区创建的第一个党支部。

1930年冬，中共山东省委派田位东、郑乃序到枣庄矿区协助组织工作，但因当时枣庄难以落脚，他们只好先到离枣庄较近的徐州秘密活动。在徐州发展枣庄籍的邱焕文入党，随即建立中共枣庄特支（又称中共枣庄特委），田位东任书记，郑乃序任副书记。特支联络点设在枣庄附近的齐村邱焕文家中。田位东、郑乃序两位书记虽然都很年轻，但革命的理想信念非常坚定。当时开展工作十分困难，上级每月只发给特支五块钱的办公经费。为了维持基本生活，便于接触工人群众，田位东、郑乃序主动托关系被介绍到枣庄煤矿下井干活。经过一段时间的锻炼，他俩不仅成了熟练的矿工，而且和工人群众建立了亲密的联系，通过多方面开展宣传教育工作，启发了矿工的阶级觉悟，为开展工人运动奠定了思想基础。

1932 年 7 月，特支组织召开有 4000 多名工人参加的罢工动员大会。因叛徒出卖，田位东、郑乃序先后遭到反动军警逮捕。敌人先是许以高官厚禄，继而又以死相威胁，但他们大义凛然，毫不屈服。敌人无计可施，于 1932 年 8 月将他们杀害于济南千佛山下。

1932 年 10 月，在中共山东省委连续几次遭到破坏的情况下，与枣庄相邻的中共徐州特委派郭子化以行医为名，到枣庄矿区恢复党组织。他每天早出晚归，走遍矿区，行医治病，联络工人群众，并开设了同春堂药店，作为党的秘密联络点。经过半年多的发动工作，恢复和发展了一批党员。1933 年春天，建立了由郭子化任书记的中共枣庄矿区工委，并成功地组织了枣庄中兴公司“五一大罢工”，使党在群众中的影响力和凝聚力不断扩大。1935 年 2 月，在枣庄、徐州党组织不断恢复和发展的基础上，郭子化主持成立了中共苏鲁边区临时特委。在同上级党组织失去联系情况下，他一方面派人到上海、北平、西安寻找党组织，一方面独立地开展党的地下工作。1937 年初奉命赴延安，向中共中央汇报苏鲁边区党的工作情况。中共中央批准成立了中共苏鲁豫皖边区特委，并决定让郭子化参加中央在 5 月召开的苏区党代表会议和白区党代表会议。郭子化于 7 月初返回枣庄后，传达了延安会议精神，决定组织统一战线，发展党的组织，建立抗日武装。1938 年 3 月，领导成立鲁南人民抗日义勇队第一总队，到枣庄艳特曲山区开辟抗日根据地，从此揭开了枣庄人民抗日救国斗争的序幕。

1939 年 6 月，为了在敌占区开展党的活动，建立了以鹿广连为书记的枣庄煤矿地下党支部；年底，又建立了枣庄十五窑支部。1940年底，枣庄煤矿地下党支部和十五窑支部均遭到日伪破坏，鹿广连全家被杀害。在此后的两年中，上级党组织曾几次派员到枣庄恢复党组织，皆因白色恐怖严重未能如愿。

1946年1月，枣庄煤矿外围解放后，在党的领导下，建立了地方政权，成立了各级民主政府。原铁道游击队政委杜季伟任市委书记，张福林任市长。成立了矿务局，柴化周任局长。3月31日，枣庄矿区首届职工代表大会在中兴中学礼堂正式召开，到会代表170余人。大会历时4天，通过了枣庄煤矿工会组织章程和行动纲领。张福林当选为主任，张承为副主任，蒋福义、王炳敖、马丙才、张福田等7人为委员。工会建立后，工会基层组织也很快建立起来。工会会员总数迅速由10000余人猛增到28000余人，工人家属也有4000多人参加了工会组织。矿区工会下设33个分会，165个小组。4月，鲁南区党委派方奕生来矿务局任局长，同时成立了枣庄矿区工会。5月，在郭村召开了鲁南矿区职工第一届代表大会，来自枣庄、陶庄、八宝山、节义庄等煤矿的170多名代表参加了大会，会议通过了行动纲领

枣庄矿区首届职工代表大会

和组织章程，选举张福林为鲁南矿区总工会主任，孙伯清、张承为副主任。同时，建立起自己的武装队伍——枣庄工人纠察队。6 月，中共枣庄矿务委员会成立，隶属华东中央局，机关驻地枣庄镇，王见新任书记，林岩任副书记。同时撤销中共枣庄市委，原市委所辖枣庄、中心街、车站、齐村、陶庄五镇党委和峄县二区（张范）、麓水二区（徐庄）两个区委直属矿务委员会。

1946 年 6 月底，陈毅到枣庄，听取了中共枣庄矿务委员会书记王见新、副书记林岩的工作汇报，并对枣庄煤矿的复工问题作了具体指示。随后，陈毅在中兴煤矿公司召开了干部会议，分析了当时的形势，部署了工作任务，指示党、政机关做好撤出枣庄的准备。会议决定成立枣庄矿警总队，共 2000 余人，编为 5 个大队。10 月，国民党军五十一师、二十六师侵占枣庄，矿区党委撤出。直到 1948 年枣庄地区彻底解放后，才全面恢复健全了矿区党的各级组织。

百年徐矿　红心向党

徐矿集团是具有139年煤炭开采历史、93年红色基因传承的省属能源企业，是中国近现代煤炭开采的发源地。

厚　重　历　史

徐矿是中国民族工业的启蒙。徐矿是中国规模化开采最早的煤矿之一。1882年，两江总督、洋务大臣左宗棠在徐州利国开办的全国最早的煤矿之一——徐州利国煤铁矿，成为徐矿的前身，开启了中国煤炭工业化开采的先河，扛起了发展中国民族工业的重任，加快了近代中国工业化的进程。

徐矿是煤炭工业改革的先锋。农村的改革从安徽小岗村开始，煤炭工业的改革从徐矿起步。1983年，徐矿率先实行经济总承包；1992年，率先放开煤价走向市场，率先走出去发展服务外包产业，始终站在潮头引领着煤炭工业的发展。1985年，徐矿"光爆锚喷技术"荣获国家科学技术进步一等奖，首创煤矿巷道支护新方式在全国推广并沿用至今，推动了煤矿支护革命。

徐矿具有纯正的红色基因。江苏企业第一个党支部——"中共贾汪特别支部"1928年在徐矿成立，翻开了徐州煤矿革命、建设、发展崭新的一页；"佩剑将军"在徐矿夏桥井起义，见证了淮海战役第一场胜利；“抗美援朝”期间，徐矿职工集资捐献了“贾汪矿工号”战斗机，用实际行动抗美援朝、保家卫国。

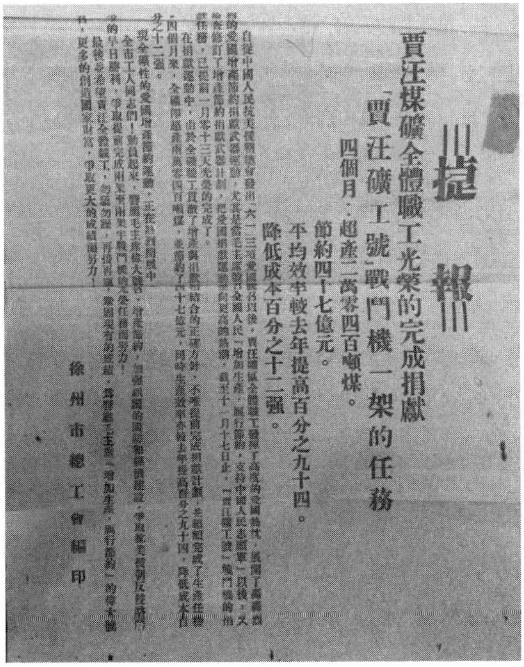

捷報

賈汪煤礦全體職工光榮的完成捐獻「賈汪礦工號」戰鬥機一架的任務

四個月：超產二萬零四百噸煤。
節約四十七億元。
平均效率較去年提高百分之九十四。
降低成本百分之十二強。

徐州市總工會編印

1951 年 11 月 21 日，徐州市总工会向贾汪矿工发来捷报贺信

红　色　传　承

徐矿有着 93 年的党史，具有纯正的红色基因传承，现有直属党组织 55 个、基层党支部 465 个、党员 9221 名。93 年红色信仰，93 年栉风沐雨，徐矿的共产党员将对马克思主义的信仰、对党的忠诚深深烙在心中，始终听党话、跟党走，在徐矿发展史中谱写了壮丽篇章。

1937 年 6 月，徐州矿工举行反迫害罢工斗争

在党的领导下，徐矿人坚守红色信仰浴血奋斗。1928 年，共产党员鹿周继在徐矿组织成立江苏工矿企业第一个党支部——“中共贾汪特别支部”，在风雨飘摇的革命年代坚定不移地跟党走。抗日战争时期，在八路军运河支队的领导下，徐矿工人锄奸斗寇，先后组织了窑木斗争、大闹铁道门、千人大罢工，有力地打击了国民党反动派、日本侵略者和官僚资本家。解放战争时期，“佩剑将军”张克侠、何基沣在徐矿夏桥井起义，四面分割围歼黄百韬兵团的格局迅速形成，毛泽东主席称“张何起义是淮海战役的‘第一场胜利’”。

在党的领导下，徐矿人传承红色基因艰苦创业。1950—1978 年，徐矿人全力以赴抓生产、搞建设、谋创新。新中国成立以来，徐矿始终继承和发扬党的优良传统，团结带领全体徐矿人艰苦创业，屡创行业第一。“抗美援朝”战争打响后，徐矿工人继续发扬艰苦奋斗的优良传统，迅速掀起爱国增产节约运动，响亮提出“节约一个道钉，打死一个美国兵”的口号，集资捐献“贾汪矿工号”战斗机，全力支援“抗美援朝”战争。1956 年设计制造出全国第一台煤水泵，1964 年设计制造出全国第一台刨煤机，1974 年在全国第一个使用国产综采设备。1977 年底，徐州矿务局年产煤炭突破了 1000 万吨大关，迈入全国特大型矿务局之列。

在党的领导下，徐矿人发扬红色精神改革奋进。1978 年，十一届三中全会召开后，中国迈入改革开放的新时期，徐矿也迎来了改革

1977 年，徐州矿务局年产过千万吨祝捷誓师大会

的春天。1983 年，徐矿率先在全国煤炭行业实行经济总承包，当年就实现了扭亏为盈，成为煤炭行业经济改革的“小岗村”。1992 年，徐矿率先放开煤价走向市场，掀起“大改革、大开放、大发展”的热潮。1998 年 5 月 28 日，江苏省委省政府宣布成立徐州矿务集团有限公司，徐州矿务局运行了 39 年的工厂制宣告结束，走上了现代企业制度的运行轨道。

送喜报

在党的领导下，徐矿人赓续红色血脉，转型蝶变。2017 年下半年以来，新任领导班子坚持加强党的领导和党的建设这个“根”和“魂”，坚持从学习贯彻习近平新时代中国特色社会主义思想中汲取真理的力量，在学习中不断深化，在实践中不断探索，总结凝练出了“以满怀对党的忠诚举旗定向、以满眼都是资源的理念经营企业、以满眼都是人才的理念选人用人育人、以满腔的家国情怀造福职工、以满满的正能量凝聚人心”的具有徐矿特色、符合时代精神、得到职工认可的“五满理念”，推动和实现了思想解放。坚持走好党的群众路线，深入开展“走访转”活动，党委班子成员带着课题分别开展专项调研，300 多名中层干部全部深入一线，征求各类意见建议 1422 条，梳理汇总 137 条，确立了“一体两翼”总路径。始终把职工放在心中最高位置，统筹兴家业、厚家底、惠家人，让发展指标有更多的幸福指数，让发展成果有更多的民生含量，出台具有江苏特点徐矿特色的产改“十条”，让产业工人政治上有地位、经济上有待遇、社会上受尊重。打通全面从严治党“最后一公里”，连续四年开展“旗帜鲜明讲政治、忠诚担当做表率”主题实践活动、“三讲五心”教育，让“讲大局、讲责任、讲规矩”内化于心、外化于形、固化于制，增强干部职工的忠诚心、事业心、进取心、感恩心、敬畏心。

徐 矿 之 路

新中国成立以来，徐矿累计产煤 10 亿吨，曾为国家经济建设做出过巨大贡献。但随着煤炭黄金十年的终结，加之本部煤炭资源枯竭、矿井关闭、内部管理等因素叠加影响，企业亏损严重、历史负担沉重、经济发展停滞、职工思想动荡，陷入了前所未有的困境。近年来，徐矿始终坚持以习近平新时代中国特色社会主义思想为指导，以加强党建统领全局工作，坚持“五满理念”强势引领，不断把党建政治优势转化为践行新发展理念的生动实践，转化为推动企业高质量发展的具体行动，较好实现了融入中心抓党建、抓好党建促发展，团结带领4万干部职工，稳大局、破困局、开新局，实现了困境突围、转型重生的历史性蝶变，走出了一条资源枯竭型企业转型重生的“徐矿之路”，实现了从稳下来、走出来向好起来、强起来的历史性转变；破解了产业接续、人员安置和环境治理“三大难题”，创出了全国煤炭老工业基地转型、关闭矿井重生、衰老矿区生态修复“三大样本”；惠及了三大民生，兜住了底线民生，保障了基本民生，提升了质量民生，持续关注弱势群体、困难家庭、特困户“三大群体”，做好涨工资、提待遇、美环境“三件大事”，在岗职工工资基本实现翻一番，用于改善民生支出超过30亿元。解决了一批历史遗留问题，偿还债务及利息84亿元，清理退出集体企业55家，处置“僵尸企业”78户，清理非主业投资止损减亏10亿元以上，处理遗留不良资产36亿元，移交“三供一业”惠及6.4万户次，退休人员全部实现社会化管理，解决了多起信访历史难题，盘活存量土地6290亩，协同地方治理采煤塌陷地22万亩。2021年，打造了十大亮点：徐矿股份混改完成，产改工作争创示范，获得全国煤炭行业科学技术最高奖，获得全国煤炭企业管理现代化创新成果一等奖，国家级博士后工作站在徐矿落户，国内首台百万褐煤机组落户徐矿，两家单位入选国家首批智能化示范煤矿建设，威拉里新材料正在打造行业隐形冠军，党建创新和纪检工作走在省属企业前列。

永不磨灭的印记

冀中能源井陉矿业集团有限公司的前身是横跨 3 个世纪、具有 123 年历史的井陉煤矿，以盛产优质主焦煤闻名于海内外。

井陉煤矿是井陉矿和正丰矿的总称，是一个具有光荣革命传统的煤炭企业。在党的领导下，井陉煤矿工人打破白色笼罩、抗击日本侵略、推翻反动统治，谱写了波澜壮阔的革命史诗，为民族解放和国家经济建设做出了不可磨灭的贡献。

矿山来了共产党

十月革命的炮响，五四运动的呐喊，中国共产党成立的喜讯，唤醒了被三座大山压迫、尚不如骡马的井陉煤矿工人。

1925 年 6 月，五卅惨案的消息传入矿山，井陉矿工和学生组成“沪案后援会”，组织游行示威，开展募捐活动，支援上海工人的反帝斗争。1926 年 7 月，井陉矿工自发组织起来进行演讲，宣传北伐战争胜利的意义，揭露帝国主义和封建军阀的罪恶。

当时，官僚骚扰、军阀混战，致使井陉煤矿销路不畅，连年亏损。资本家持续“减产裁员”，广大矿工和资本家的矛盾进一步加深。

哪里有压迫，哪里就有反抗。

矿工早期的斗争，主要采用暗地惩治资本家、监工，破坏机器、怠工等形式，不同程度地打击了资本家和封建把头的嚣张气焰。同时，使矿工们认识到团结的力量、斗争的威力，为党组织在矿山的建立创造了条件。

1926 年 8 月，顺直省委派共产党员赵玉祥到井陉建立党组织和开展党的工作，先后介绍矿工李玉、耿仲德、张千栋等人加入党组织。1927 年 9 月，中共井陉煤矿党支部和工会相继成立。

井陉煤矿党组织和工会的成立，使工人运动开始由自发的经济斗争，逐步发展为自觉的、有组织的政治斗争。

1928 年，中共井陉县委机关移驻矿山附近村庄，加强了对工人运动的领导。1932 年 8 月，中共井陉煤矿特区委员会、共青团井陉煤矿特区委员会、少年先锋队先后成立。在党的领导下，井陉煤矿相继掀起了一浪又一浪的罢工怒潮。

1928 年春，井陉煤矿已欠发 6 个月工人工资，且大量裁减工人，工人生活在极端贫困之中。中共井陉县委按照顺直省委指示精神，组织领导井陉矿工进行索回欠薪的斗争，提出了发放欠资及改善矿工待遇等 9 项要求。经过三天三夜的斗争，资本家不得不答应了全部要求，井陉矿第一次大罢工在党的领导下取得了胜利。3 月，正丰矿也进行了罢工斗争，提出了补发欠资、每年增加工资等 12 项条件，经过半个月的斗争，资本家答应了 12 项条件中的主要 5 项。之后，就拖欠工资、监工头不准开除工人、争分“花红”、改善生活待遇等举行的大罢工都取得了胜利。井陉煤矿成为当时石家庄乃至顺直省党组织领导工人运动的典范。

两矿的罢工斗争，不仅在经济上取得胜利，还沉重打击了资本家，提高了矿工觉悟。同时，罢工斗争也涌现出大批积极分子，给党增添了新鲜血液，为日后革命斗争奠定了基础。

誓死不做亡国奴

九一八事变后，1931 年 10 月，井陉煤矿工会发表抗日代电：“国家兴亡，匹夫有责。我侪工界同志，皆系国民份子，深望精诚团结一致救国，誓作政府后盾，相与日本周旋。雪我国耻，显我国光，宁为玉碎，勿为瓦全。”向全国人民表达抗日决心。

礦業週報一百六十二號 十月十四日

礦廠通訊

△鄂樂煤礦仍在打水

塘平通訊：鄂樂煤礦去春迭被匪陷，損失極鉅，停頓年餘。上年該公司在滬開董事會議，仍設法整理，向銀行團籌數六萬元，委派嚴君友鈞爲駐礦主事，購辦新機佈置，從事抽水，預定三月之後，水乾產煤。距開工後，春雨連綿，入夏洪水爲患，機力不足，時有損壞無法抽乾積水。又因燒煤不敷乃開鑿土井出煤，且作風路。該礦與附近鄉井，時有衝突交涉，亦難解決。荏苒經年，致將銀行所投資本用罄，工程仍無進展，代理工務主任陸品樂君早經辭卸，新委楊炳望業已任事。聞兩井之內積水尚有十餘尺深云十月二日科

△磁縣煤礦現狀

官礦：現僅有土窯數家出煤，煤礦局每月收入約千元，該礦原係官商合辦，官股五萬兩商股四萬餘兩，現因欠繳礦稅，實業廳呈部撤銷礦權，一面呈請由省政府維持云。

礦業週報

恰立：該礦現在每日出煤二三百噸因運輸困難，不能多出。

中和：該礦井下淹水，現在僅土窯出煤，每日產煤僅三五十噸，工資積欠甚巨，現工人在礦坐索。十月二日軼

各地通訊

△井陘煤礦工會抗日代電

礦業週報公鑒，最近倭寇因敗，肆爲特釁，侵我國疆，殺我同胞，擾害遼甯治安，破壞東亞和平，背叛公理，滅絕人道。我國內患頻生，外侮突來，正危急存亡之秋，大陸沉淪之際，國若危亡，身家何安，國家興亡，匹夫有責。我儕工界同志，皆係國民份子，深望精誠團結一致救國，誓作政府後盾，相與日本周旋。雪我國恥，顯我國光，甯爲玉碎，勿爲瓦全。臨電激昂涕泣之至，河北井陘煤礦產業工會全體工人叩東。

△廣東建設廳籌設鍊鋼廠

廣州通訊：粵建設廳所組織之礦業調查團，近在雲浮一帶，發現鐵礦，儲藏豐富，經已從定開採計劃。聞胡廳長據此，擬於最短期內，規設廣東鍊鋼廠，以便鐵礦開採時，直運該廠製鍊，以應一般工業之需要，及兵工廠之

一〇四一

井陉煤矿工会在《矿业周报》发表抗日代电

1937 年 10 月 11 日井陉煤矿沦陷，成为日本帝国主义掠夺我国煤矿资源的主要基地之一。

日军占领期间，实施疯狂的法西斯统治。设立汉奸特务组织，残害矿工；杀鸡取卵，疯狂掠夺煤炭资源；“以人换煤”，矿难惨案不断。1944 年 4 月，《新华日报》称井陉煤矿是“新的屠场”。

在党的领导下，井陉煤矿工人誓死不做亡国奴，先后成立两支工人游击队，英勇打击敌人。

1937 年 11 月和 1938 年 6 月，井陉矿和正丰矿抗日游击队先后成立。他们不仅自己打伏击、埋地雷、炸炮楼、扒铁路，还多次配合主力部队里应外合袭击矿山。矿上的德国工程师白劳克对日军说：“日本的飞机大炮厉害，但是这顶不住中国的游击队！”1938 年 9 月，《新华日报》就井陉矿工游击队的事迹做了专题报道。

中華民國二十九年九月十日　新華日報　星期二

我克井陘之役
澈底破壞井陘煤礦
日寇損失數達三千萬元
數千礦工解放投軍殺敵
正太路沿線激戰敵交通無法恢復

《新华日报》相关报道

1940 年，八路军发动了震惊中外的百团大战，井陉煤矿成为破袭的重点。战斗前，矿山地下党组织为八路军绘制地图，动员矿工组织运输队、担架队，帮助八路军带路、做饭、送情报、拆围墙、割电网、填壕沟等。8 月 20 日夜 10 点，战斗正式打响。800 多名井陉矿工游击队员配合杨成武率领的中央纵队攻打井陉矿新井，不到 2 小时就攻入矿内，成为百团大战首战首捷之地。“井陉敌矿狂燃五日”“彻底破坏井陉煤矿，日寇损失数达三千万元”“井陉新矿的毁灭”……《抗敌报》《新华日报》连续跟踪报道。朱德总司令在评价这次战斗胜利的意义时指出，“特别是破坏了井陉煤矿，使敌人不能利用我华北的最大的煤矿出产，这无疑是对敌人的一个极严重的打击。”

百团大战之后，日本帝国主义对晋察冀抗日根据地实施残酷的“三光”政策。在晋察冀军区和边区党组织的领导下，开展了以打击汉奸卖国贼为目标的锄奸活动，在活动中最出名的是孤胆英雄耿晚子。据不完全统计，仅 1942 年，井陉县共除奸 118 名，其中耿晚子一人就锄奸 30 多名，令驻矿日军和日伪汉奸闻风丧胆。在晋察冀边区第一届群英会上耿晚子获“战斗英雄”称号。

八贡献载史册

抗战胜利后，井陉煤矿被国民党经济部资源管理委员会列为平津地区八大重要工矿电气事业之一，被国民党反动派接收。井陉煤矿工人抗军训搞怠工、闹迁建索赔款，并配合游击队打击敌人，为解放井陉煤矿打好了群众基础。

1947 年春，人民解放军发动正太战役。4 月 17 日井陉煤矿解放，被誉为“解放第一矿”。杨成武、姚依林、漆远渥分任井陉矿区军管会主任和副主任。姚依林带领晋察冀边区政府工业局第三生产管理处接管井陉煤矿。

井陉煤矿的解放，正处于全国战略大反攻的前夜。矿山解放 2 小时后，矿工就全部复工。在党的领导下，井陉煤矿为全国解放和新中国建立做出八大贡献。

支援兵工厂军工生产。随着华北战场的不断扩大，前方急需大量的军火物资。井陉煤矿发动工人，组织成立550多人的运输队，将矿上的机床、钻床、汽锤、刨床等运往平山的兵工厂。同时，井陉煤矿一大批技术人员踊跃报名支援兵工厂生产，大大提高了兵工厂的生产能力。

研制军火支援前线。根据晋察冀边区政府的部署，1947年6月，井陉煤矿机器厂300多名工人，就地取材组织军工生产。制造了大量的迫击炮、飞雷等，有力支援了淮海战役和解放太原的战斗。特别在1948年底，研制成功了射程达4000米的火箭弹，在解放战场和后来的朝鲜战场发挥了巨大作用。

支援沕沕水发电站建设。1947年，为提高我军33兵工厂生产效率，党决定建设沕沕水发电站。井陉煤矿将一台德国西门子发电机运往沕沕水，按照晋察冀工业交通学院的设计，把火力发电机改为水力发电机。井陉煤矿不仅派出大量电厂技术人员参加水电站建设，还提供了铸铁管、水泥、变压器和电线等重要物资。1948年1月，我党我军自己动手勘察设计兴建的第一座水力发电站落成，被朱德总司令誉为“边区创举”。5月，井陉煤矿又拉专线，与沕沕水电站并网，将电输往西柏坡，正式点亮了西柏坡第一盏明灯，为党中央提供了充足的电力供应。

沕沕水电站被誉为“边区创举”

为党中央进驻西柏坡提供办公生活用品。1948年5月，朱德总司令在聂荣臻司令员的陪同下视察正丰矿，发出了“安全生产多发电，大力支援解放战争”的伟大号召。同时决定将井陉煤矿的办公、

井陉煤矿向西柏坡提供的办公用品

生活用品运往西柏坡，供毛主席和其他中共中央领导使用，现已成为国家一、二级革命文物。

新华广播电台天户台发射机房

保新华广播电台用电。1947 年 3 月 18 日，中共中央主动撤离延安，“延安新华广播电台”也随之迁出。1948 年 5 月，党中央决定在西柏坡附近新建一个大功率的广播电台，必须有可靠的电力保证。解放后的井陉煤矿不仅工业、群众基础好，还设有两座发电厂，其附近的天户村被选定为新的新华广播电台台址。在井陉煤矿的大力支持下，建起了解放区功率最大的短波发射台。新华广播电台在天户正式播音的5个多月里，一纸吓退十万兵的传奇、三大战役的捷报、七届二中全会的喜讯、《将革命进行到底》的战斗檄文都是从这里传遍神州大地乃至全世界。北平和平解放后，天户电台作为中央人民广播电台第一转播台，曾向全世界宣告了新中国成立的喜讯。

支持华北大学工学院（北京理工大学的前身）办学。华北大学工学院的前身是1940年诞生于延安的“自然科学院”，1948年1月迁到井陉煤矿，时称晋察冀边区工业局工业学校。1948年8月，与迁入井陉煤矿的北方大学工学院合并为“华北大学工学院”，学院利用井陉煤矿工业基础和机械设备开展实践教学，为解放区的工业特别是军事工业培养了400多名科技人才。

恢复生产支援全国解放。随着解放战争的节节胜利，晋察冀军区和党组织决定恢复正太路沿线工业。1947年4月，井陉煤矿开始恢复生产，矿工从自家拿来生产工具，自己动手修复大型设备。在恢复生产的过程中，国民党反动派不断派飞机对矿山进行轰炸，涌现出了张喊子、张福录、戴景林等一批护矿英雄。矿山恢复生产后，朱德总司令在聂荣臻司令员陪同下，代表党中央来慰问矿山工人，并鼓励工人要多生产、多发电，支援前线，迎接新中国的诞生。工人们激动万分，纷纷展开劳动竞赛，煤炭生产创历史纪录，年产达65万吨。井陉煤矿成为解放战争和新中国建设重要的“工业粮仓”。

保卫胜利果实。1947年，矿山虽已经解放，但矿山周边的地主恶霸、三青团和暗藏的特务互相勾结，经常进行破坏活动。井陉煤矿成立工人自卫队和纠察队，逮捕法办了一批罪大恶极的汉奸特务，沉重打击了敌人的反动气焰，保卫了用鲜血和生命换来的胜利果实。

一唱雄鸡天下白

新中国成立后，在党和政府的领导下，井陉煤矿开足马力，大干快上，先后改扩建和新建矿井 15 对，生产规模日益扩大，经济总量不断攀升。

1959 年 6 月 6 日，周恩来总理到井陉煤矿视察。总理心系矿工生活，要求解决好粮食蔬菜供应，保证职工吃饱吃好，鼓足干劲多出煤，为社会主义建设做贡献。总理关心安全生产，指出：“安全问题是主要的，生产与安全发生矛盾时，生产要服从安全，如果因为安全而生产差一点不责备你们，安全搞不好不行。”

周总理日理万机亲临井陉煤矿视察，使干部职工倍受鼓舞，干劲倍增，当年煤炭产量比 1958 年增长了 60% ，1960 年创造了 454. 7 万吨的历史纪录，主焦煤和冶炼精煤产量分居全国煤炭行业第六位和第二位。

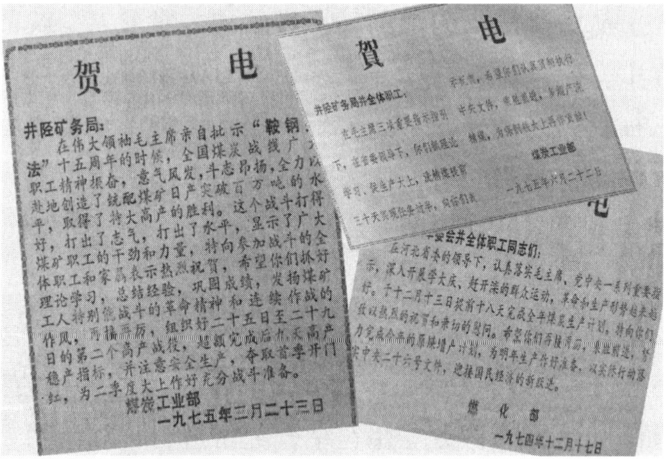

上级部门给井陉煤矿发来的贺电图

井陉煤矿进入衰老期后，自我加压，深挖内潜，对生产系统进行七大技术攻坚，千方百计复采原煤，人人创水平，矿矿攀高峰，连年提前完成国家下达的生产任务。据不完全统计，燃料和化学工业部、煤炭工业部、河北省和石家庄市先后共发53封贺电、贺信，对井陉煤矿的贡献给予高度肯定和积极鼓励；新华社、人民日报、工人日报、河北日报等主流媒体共发表160多篇文章，全面报道井陉煤矿艰苦创业、克难争先、开拓挖潜、为国奉献的先进事迹。

1966—1985年，井陉煤矿共为国家开采原煤1450万吨，相当一座年产90万吨大型矿井16年的产量；资源回收率达到90%，比同期全国煤矿的回收率高20%；在7对小型矿井陆续结束开采的情况下，年年超额完成国家生产计划。1982年4月，新华社发表题为《井陉矿在老采区复采原煤为老矿挖潜闯出了一条新路》的文章，指出“十七年来他们没花国家一分钱投资，完全靠现有的人力、物力，每年复采85万多吨。如果新建这样规模的一座大型矿井，国家需要投资8000万元左右，时间要三四年”“十七年来，井陉煤矿并没有因为复采造成亏损，相反连年盈利，平均每年实现利润450万元”。

井陉煤矿还发挥技术和人才优势，先后抽调大批工程技术人员，主持或参与了河北、山西、陕西、内蒙古、湖南、贵州、云南、四川8省（区）14个煤矿的开发建设，承担和支援了蒙古国、阿尔巴尼亚、突尼斯、马达加斯加等国家的项目建设，为我国和世界煤炭工业的发展做出了重要贡献。

20世纪80年代中期，井陉煤矿面对资源枯竭的现实，由地下转地上，发展多种经营。1988年，在全国衰老煤炭企业中率先建成质量标准化局。1990年晋升为国家二级企业。

进入21世纪，井陉煤矿解放思想、抢抓机遇，实施联合重组，2008年5月完成整体改制后，成为冀中能源集团的子公司，开启了新的发展征程。

党的十八大后，井陉煤矿以创新驱动谋新篇，以转型发展开新局，全面推进高质量发展，努力为国家实现第二个百年奋斗目标再做新贡献！

经历战火淬炼的百年老矿

冀中能源股份公司章村矿的前身是北京人冯树开办的公孚煤矿。1922年，冯树经国民政府批准了营业执照，委托代理人李席珍（武清县人）为经理，李松年（山东人）为副经理，吴云方（香河县人）为总办，在沙河县新城镇三王村西500米处开掘矿井，名为公孚煤矿（俗称公司窑或老狼沟煤窑）。此井采用蒸汽做动力提升，1924年即出煤。以后公孚煤矿又陆续掘井16眼，1931—1935年为最盛时期，工人达1000余名，日产原煤三四百吨，是邢台、沙河、永年、武安一带最大的煤矿。

1938年6月—1945年8月，矿井被日寇侵占，由伪华北绥靖军第二路军司令高德林经营。当时主要生产矿井有桃树地、麦子地、孝子台3处。高德林以煤矿为巢穴，大肆搜刮民脂民膏，疯狂镇压抗日军民，经常烧杀抢掠，矿工处于水深火热之中。

1945年8月30日，矿井解放，由抗日政府领导的太行行政公署工商管理局接管，为表明煤矿归人民所有，矿改名为沙河大众煤矿。1946年6月，矿井归太行区党委经济部领导。1947年1月，归太行区行署实业公司领导。1949年7月31日，实业公司撤销，矿井归河北省矿务局领导，党、团人事关系归邢台地委管理。同期，因矿部从三王村迁至章村，矿名正式改为“河北省矿务局章村煤矿”。

1958年7月，章村煤矿归邯郸矿务局领导；1959年1月，归邢

一、二号井侧影

台大县领导；1960年5月14日，复归邯郸矿务局领导；1962年，归邢台市领导；1971年9月，归邢台地区煤炭局领导；1974—1997年，归邢台矿务局领导。1997年后，进行了现代化企业改制。

旧社会的煤矿是工人的地狱、资本家的天堂，新中国成立前就有“能拉葛针条，不下公司窑”的说法。资本家只顾榨取工人血汗，根本不把工人当人看，把头们手拿棍棒、鞭子，看谁干得慢就劈头盖脸地毒打，挨打最多的是童工，当时童工约占工人的1/3，他们多数是小运工和刮水工。刮水工整班站在水里，一人管一个地方，用栲栳从低处往高处倒水，一会儿也不能停，稍一停顿，坑水涨满往外流，就得挨打。小运工是用带有木轮的腊条筐从煤头往井底拉煤，定额为每班要拉够50趟，往返要跑够80里路，把头坐在井底监工，筐装不满、跟不上趟、煤倒得靠后、煤里有石头、少跑了趟都得挨打。当时有个叫范同锁的童工，趟趟挨打，被逼得在井下上了吊，幸亏被工人弟兄发现才救过来。

机械厂钳工车间

安全生产，人命关天。但是，资本家只要煤，不顾工人死活，既无劳动保护用品，也没有安全设施，工人下井都穿自己的破衣裳、破布鞋，头上包块手巾，个个脚上有疮，身上带伤。老工人刘寿，身上就有旧社会留下的21块伤疤。发生工伤，资本家既不给治疗，更不发工资。栾卸村李志金，在井下冒顶砸伤腰，回家养伤3年，托亲告友向资本家求情，结果只给了他3元钱。1930年6月，中关村一个童工在井下被砸死，资本家以不操心为借口，竟分文不给。

从公孚煤矿到日伪的公司窑都不设工人澡堂，只在“寻人铺”院子里放几个一尺见方的木盆子供洗脸用。矿上没有工人宿舍，下班后，附近农村的就回家，远处的就住在破砖窑或土窑洞里。有一次，孝子台矿井工人住的土窑坍塌，一下砸死3人，资本家却不管不问。那时的煤矿工人收入低微，一生做牛马，到老两手空，许多人连家都成不起。老工人孟二根下窑几十年，年老失业后，无依无靠，到石家庄讨饭，冻死在街头。三王村申黑保买不起煤，下班后往家背了两块煤，被资本家痛打一顿后开除，后来讨饭被狗咬伤，饿死在破庙里。日伪统治时期，工人生命更无保障。御路村工人刘喜柱，下班后摸黑回家，走到中关村因劳累过度，昏睡过去，恰巧高德林部队由此路过，没等他醒过来，就被刺刀挑死。1942年闹灾荒，煤矿不断停产，大批工人失业，不少矿工卖儿卖女，妻离子散。

“哪里有压迫，哪里就有反抗”。1927年11月底，广大工人联合附近农村红枪会、白枪会，乘黑夜攻占了公司窑，工人群众痛打了那些平日任意欺压工人的把头，没收了矿警的枪支，砸了资本家的家具，将资本家剥削工人的血汗钱分给工人和劳苦大众。但是由于群众处于自发斗争，缺乏正确的领导，因而被资本家勾结来的奉军击溃，工人暂时得到的一点利益又被资本家夺走，参与攻占煤矿的工人被开除。这次斗争虽然失败了，但对后来的工人斗争产生了深远的影响。

1938年春，八路军由晋东开来，赶走了与资本家勾结的土匪杨兰子部队。八路军驻沙河地方工作团干部王铮、姚广来到煤矿，宣传抗日救国，支持工人罢工，代表工人与留在矿上的资方代表崔德成谈判增薪，使矿工工资由每天0.82元增到1.15元，并允许工人上井时往家背煤。在共产党领导下，罢工斗争取得了胜利。

1941年9月，八路军为了惩戒伪匪，援救矿工，在邢（台）沙（河）永（年）战役中，重点发动了公司窑战斗，385旅第769团担任主攻，陈锡联、黄镇等首长亲自指挥，在群众配合下激战一昼夜，击毙、俘虏伪军300余人，麦子地、桃树地两处主要生产矿井的锅炉绞车被炸毁，缴获的机器枪支被运往根据地，解放矿工600多人。此后，麦子地、桃树地两处矿井报废，高德林逃到邢台，只留其内弟王碧堂率一部分伪军继续办矿。这次战斗使矿上的日伪汉奸受到震慑，广大矿工看到了翻身的希望，工农群众抗日救国的斗争热情越来越高。

新中国成立以后，在党和政府的关怀下，矿井发生了天翻地覆的变化，主要表现在四个方面：第一，政治地位大提高。第一任矿级行政领导就是老矿工、共产党员朱占良同志。接着又从工人中提拔了张

煤矿工人宿舍

宝善、段良绪等人担任工务科长、工会主席，当时工人们编歌说：“翻了身，来福气，看看咱的朱大起（即朱占良），前晌下短班，后晌当经理。”矿废除了对工人的打骂制度，开展民主革命运动，发动群众对那些罪大恶极的封建把头、汉奸走狗进行揭发斗争，批斗了恶霸左忠，经政府批准公审处决了恶霸韩林等，使群众扬眉吐气。矿上成立了工会组织并定期召开职工代表大会，工人参加管理工作，评议监督领导干部，真正成了矿山的主人。第二，生产条件大改善。为了减轻劳动强度，改善劳动条件，1946 年，矿将 24 小时工作制改为 12 小时工作制，到 1950 年 1 月，又改为 8 小时工作制。采煤运输由机械化替代了人工。对矿工危害最大的水、火、瓦斯、顶板事故，得到了有效的防治。为了加强事故预防和灾害抢救，还成立了专用救护队，装备了齐全的救护设备。第三，生活一步一层天。随着生产的发展，职工生活不断改善。1955 年以前全矿职工人平均收入为 500 元左右，1985 年上升到 1694 元，1986 年达到 2143 元。全矿建筑总面积为 106846 平方米，其中住宅面积为 77123 平方米，比 1949 年增长了几十倍。单身职工宿舍由地铺和大炕变成了标准化宿舍和公寓楼，家属楼用上了液化气和太阳能淋浴。在物质生活改善的同时，精神生活也不断丰富。俱乐部、广播站、图书馆逐一落成，各种体育竞赛不断举办，每逢传统节日还组织灯谜、焰火晚会和其他娱乐活动，丰富了职工的生活。第四，矿山旧貌换新颜。之前的章村煤矿，荒山秃岭，土墙矮房，道路坎坷，煤尘飞扬，处处是黑色，遍地一个“脏”。而今，矿区俨然变成了新兴的城镇，宽敞的水泥路大街伸向远方，整洁的街心花圃散发着阵阵清香，商业楼矗立街头，货种齐全、琳琅满目，单身楼、家属楼鳞次栉比，连成一片。班后饭余，三三两两的人们有的参加各种游艺活动,有的到灯光球场看比赛,有的欣赏电视节目,有的携妻挽子漫步街头。阵阵欢歌笑语,处处鸟语花香。

回首发展历程，从战火纷飞的满目疮痍到新中国成立时的百废待兴，从六七十年代的凤凰涅槃到九十年代的绝地逢生，从去产能政策时期的濒临关停到实现高质量发展道路上的昂首前行，开采近百年的章村矿，始终紧跟中国共产党的领导，服从上级安排部署，破解了制约章村矿发展的一道道难关，支撑着章村矿一次次走出低谷，迎来曙光，造就辉煌。

峰煤儿女浴血抗日

峰峰煤矿西依太行，东接平原。清末以来，峰峰地区就是我国煤炭生产的重镇。抗日战争期间，因其特殊的地理位置和战略经济地位，成为日伪与八路军争夺的中心地带。

具有革命斗争传统的峰煤儿女，从日寇踏进峰峰土地的那一刻起，就在中国共产党的坚强领导下，通过正面作战、地下斗争等多种形式，英勇顽强、不屈不挠地开展了抗日斗争，在百里矿区燃起了熊熊的抗日烈焰，对日寇劫掠矿山进行了沉重打击，涌现出一大批可歌可泣的英雄人物，流传着许多精彩的抗日故事。

游击队长纪德贵

抗日战争时期，在峰峰煤矿活跃着一支由共产党员纪德贵任队长的八路军第四抗日游击支队，转战峰峰、磁县、林县等多个地方，为抗日做出了巨大贡献。

纪德贵，又名宋纪和、纪麦子，1903 年 6 月出生在河北省磁县石场村一个贫苦农民家庭。12 岁就到煤矿当童工，深受资本家的压迫与剥削。后来，他在煤矿地下党组织的领导下，团结和率领工人群众闹工潮，搞罢工，成为一名杰出的工人运动领导者，1925 年加入了中国共产党。

纪德贵

卢沟桥事变后，日本侵略者由北向南大举进攻，国民党军队采取不抵抗政策，节节溃退，六河沟煤矿的资本家闻风丧胆，纷纷逃窜，煤矿一片混乱。

1937 年 11 月，根据冀鲁豫边区特委的指示，纪德贵来到峰峰矿区组织了八路军第四游击支队并担任队长。1938 年初，他率领这支游击支队来到六河沟煤矿，矿工们听说麦子哥回来了，喜出望外，奔走相告。工人和附近的青年农民纷纷要求参军，队伍一下子扩大到五六百人。这支抗日武装经常活动在京汉铁路以西、漳河两岸的晋冀鲁豫边区，偷袭日军据点，阻击日军扫荡，扰乱日军驻防，保卫抗日政权。所到之处，打土匪、灭汉奸、收缴地主民团的枪支弹药，武装自己，组织群众团结抗日，受到当地群众的拥护和欢迎。

1938 年 5 月 31 日，陈赓率八路军 129 师 386 旅一个团，与日伪军 700 余人在彭城黄土岗激战，歼敌 200 多人，史称“彭城黄土岗大捷”。纪德贵率领的第四游击支队参与了这场惊心动魄的战斗。

1938 年 5 月 30 日，驻守磁县观台镇的日军集结兵力 700 余人，携带精良武器，欲偷袭驻扎彭城的抗日武装，占领这座重镇。在日伪军队内部有一名厨师是我方情报人员，他把敌人的情况探明后及时通过地下情报线传递到彭城。磁县抗日民主政府的几个领导商量之后，立即由纪德贵带着两位护兵，骑上快马去给陈赓将军报告。陈赓听后，幽默地说：“肉来之，则吃之”。随即调拨了一营人马，连同张锡珩的十三支队，向彭城进发。

战士们刚吃过晚饭，精神抖擞，几十里山路的急行军，半夜时分就到了彭城。陈赓将军上了文昌阁，就拿出彭城当地的地形图认真察看，用笔在“黄土岗”一处画了个圈说：“就在这地方设埋伏。”随之确定了作战方案：772 团和张锡珩的队伍在黄土岗两侧设伏；纪德贵的队伍绕到黄土岗南面通往观台的道路两边埋伏，等敌人往回跑时打伏击；王维纲的队伍到彭城通往磁县的路上防守，以应对磁县之敌来增援。随后，将北街的土地庙作为指挥部。

5 月 31 日凌晨 3 点多，敌人进入了黄土岗一带。黄土岗是彭城西南的一处岗坡地，离彭城约有一里路。那时候，黄土岗蒿草丛生、杂树蓊郁。岗坡为东北—西南走向，中间是一条黄土路。700 多名日伪军秘密出动，自以为做得滴水不漏，满以为一战必胜，甚至幻想王维纲、纪德贵的人马可能听到枪声就会弃城而逃，完全没想到八路军的正规部队就在此处埋伏。敌人全部进到黄土岗后，刚准备架起火炮进行火力侦察，突然间两侧枪声骤响，十几个日伪军来不及反应就见了阎王。一时间，高处的机枪、步枪、手榴弹放鞭炮似的往下落，下面的敌人惊慌失措，乱成了一锅粥。

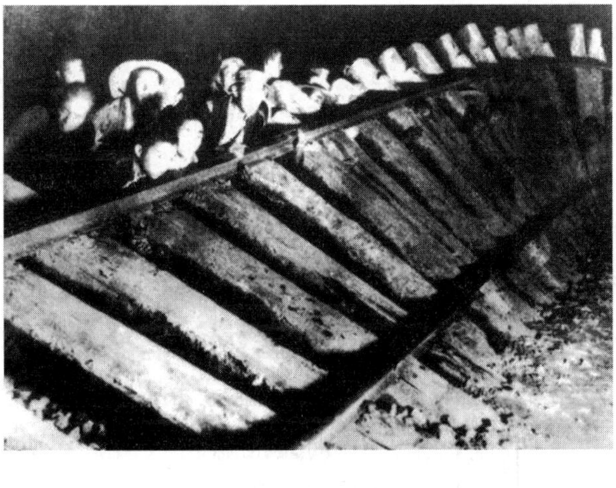

纪德贵带领的第四抗日游击支队在破坏敌人铁路

情急之下，日军指挥官赶紧布置反击。但军队中一大半是伪军，他们当兵为的是混饭吃，一路从观台那边走过来，有的还正犯着大烟瘾。突遭伏击，有的乱撞乱窜，有的忙着往杂草里钻。日本兵也仓皇迎战，乱无目标地放炮打枪。黑暗之中，敌人不敢恋战，赶紧打信号撤退。按说他们该往西南方向撤退，但是混乱之中把方向搞反了，反而朝东北方向的彭城跑去。敌人跑进彭城西庄子，凭借民房建筑，重新组织火力，打起了反击。纪德贵的第四抗日游击支队在观台路那边埋伏着，遥遥看着战斗打响，单等敌人退回来伏击。然而等了多时，也不见敌人回撤，却听彭城那边枪声激烈，心想坏事了，赶紧领着队伍往彭城方向赶。

陈赓将军得到敌人进了西庄子的消息，吃惊不小，一拍桌子就站了起来。他知道，日军火力充足，进了镇街，凭险可守，等到天明，麻烦可就大了。他略一盘算，便叫传令兵传下令去，命772团靠近镇南与敌人对峙，又命张锡珩的十三支队与纪德贵的四支队迂回穿插到彭城后街，向西庄子围攻，抄敌人的后背，再调王维纲的人马从彭城东边围攻西庄子。这样布置的意图是要把敌人从西庄子挤出去，逼他们走向旷野然后追击。

天快亮时，敌人一看天色，松了一口气，天一明，他们就不害怕了。就在这时，突然背后枪声大作，发现北边、东边、南边三面都有火力，只能往西边撤。西庄子西边是大洼地，方圆百十亩，荆棘遍布，也没有像样的路。日伪军一看急了眼，回过头来，架起火炮乱放起来，有几处民房顿时被炸塌了。八路军怕敌人再打炮，老百姓遭受损失，就暂停了攻击。

此时天已放亮，敌人一见南边停止了火力，立即突围，奔观台方向逃跑。走观台还得过黄土岗，别无他路。八路军772团的人马在敌人发疯开炮时，迅速埋伏到黄土岗那边。日军一进黄土岗，就遭到伏击。不过由于是白天，日军装备精良，他们组织战斗抢占了一处岗坡，架起火炮机枪进行猛烈反击。敌人边打边撤，直到中午战斗才告结束。

这场战斗，由于日军意外窜进西庄子，八路军虽然没能实现全歼敌人的计划，不过也取得了丰硕战果，共计歼敌200余人，缴获火炮2门、轻重机枪5挺、长短枪百余支，大获全胜。这次战斗，在抗战史上称为“彭城黄土岗大捷”。

铮铮铁骨李克保

在艰苦卓绝的抗日斗争中，面对敌人的严刑拷打，很多共产党员顽强不屈、视死如归，彰显了中华儿女的铮铮铁骨。李克保就是这样一位“硬汉”。

李克保，1913年出生，磁县观台镇石场村人，出生于一个普通的贫苦农民家庭。由于父母早逝，作为长兄，他和两个弟弟相依为命。14岁即到六河沟煤矿做工，受尽压迫和剥削。由于他机灵胆大，很受地下党员纪德贵的器重，常常夜里派他到台子寨、冶子、观台等村庄散发革命传单。在共产党员马存汉、纪德贵、胡金山的教导下，他懂得了“工人团结如一家，人生才有出头日”的道理。1930年，李克保参加了六河沟煤矿万人大罢工，革命觉悟大大提高。1931年冬，在中共直南特委和六河沟煤矿党组织的领导下，他协助工运领袖纪德贵组建了党的外围组织、工人团体“朋友社”，有700多矿工入社。他带领工友铲除把头、工头，鼓舞了工人的斗志。1932年，他光荣加入中国共产党，任矿党支部书记。根据上级指示，多次领导矿工发动“反欠资”“要增资”罢工斗争。

1937年12月8日，日军侵占六河沟煤矿。李克保和妻子郭英爱积极投身抗日救亡活动，一起参加了由纪德贵任支队长的八路军第四游击支队。1942年，六河沟煤矿党组织遭到日军宪兵队的严重破坏。

党组织派遣李克保夫妇返回六河沟煤矿开展工作。夫妻二人积极活动，想方设法联络失去联系的地下党员，重建组织，铲除汉奸特务。

距离六河沟煤矿四五里地有个冶子村，村里有个女人叫张麦芝，16 岁就和日伪人员鬼混在一起。她利用种种手段，专门刺探共产党抗日情报，拿到鬼子那里邀功请赏。有一次，她领着日本宪兵一次就逮捕了好几名八路军家属。

党组织了解情况后，指令李克保夫妇秘密监视女汉奸张麦芝的行踪。一天，李克保发现张麦芝在漳河桥上支起锅灶，向上下班的矿工施舍米汤。经调查，原来是日本人提供小米，让张麦芝借施舍米汤笼络矿工，从中刺探地下党组织的情报。同时，得知张麦芝很快就要搬到日本警务系主任那里去住。为此，李克保和妻子郭英爱立即向党组织作了汇报，党组织指示他们迅速行动。当天夜里，李克保和战友们神不知鬼不觉地将正在睡梦中的张麦芝抓获，连夜押送到磁县抗日政府。不久，抗日政府在白土村将这个女汉奸处决。

1944 年 5 月 3 日，李克保夫妇在执行任务时不幸被捕。在日本警务室，残忍无比的敌人放狼狗咬，灌辣椒水，用火硝烧，拿火药熏，用红缨枪扎，企图从李克保夫妇嘴里套出党组织的秘密，可李克保夫妇始终一句话："我什么也不知道。"敌人用尽酷刑无效，恼羞成怒，于 1944 年 5 月 21 日夜将李克保夫妇带到漳河边上，先让狼狗狂咬李克保，然后用刀砍下他的右臂扔进河中，再一刀斩断头颅，并将尸体抛进滚滚漳河。李克保英勇就义，年仅 31 岁。妻子郭英爱趁敌人杀害李克保时，将捆绑两人的绳索断开，纵身跳入河中，敌人乱放了一阵枪，并未击中。郭英爱被河水冲到下游 10 余里的地方，被当地群众搭救。

1946 年，磁县抗日民主政府和六河沟煤矿党组织在白家村西北角建立碑亭，以纪念李克保烈士。后因岳城水库移民，纪念碑搬迁至现观台中学内。

“敌穴尖刀”宗具臣

在各种谍战剧中，我们经常会看到很多潜伏在敌人内部的地下工作者。抗日战争时期，在峰峰煤矿也有这样一位身处敌营却秘密抗日的“伪装者”，他的名字叫宗具臣。

宗具臣，1899 年 10 月出生在河北省磁县黄官营村一个普通农民家庭，一直在家务农。18 岁时才有机会进私塾读书，后来考入磁县单级（初级）师范，毕业后在磁县梧桐庄村教书。后来在朋友的帮助下又到直隶省警官学校学习，毕业后留在天津意大利租界任职。不久，由于他为人力车夫鸣不平，遭上司关禁闭，愤然辞职回乡，在磁县公安局任巡官、马队队长。由于他出身农家，比较了解老百姓的疾苦，从不倚仗权势欺压百姓。因而，有不少群众都善意地称他为“宗官儿”。

革命夫妻韩永梅、宗具臣与次子宗书龙

七七事变前，宗具臣已经是国民党磁县政府贾壁公安局巡官。在日军沿平汉路向南疯狂进攻的战乱中，他满怀忧国忧民的愤懑之情，回到磁县老家秘密组建了抗日武装队伍，1938 年 5 月，他将计就计出任了磁县伪警备队司令，并千方百计与当地抗日民主政府取得联系，寻求抗日途径。1938 年 6 月，宗具臣和夫人韩永梅同时加入党的地下组织，接受共产党的领导，与磁县抗日民主政府订立秘密抗日协议，开始为党和八路军工作，进行秘密抗日活动。

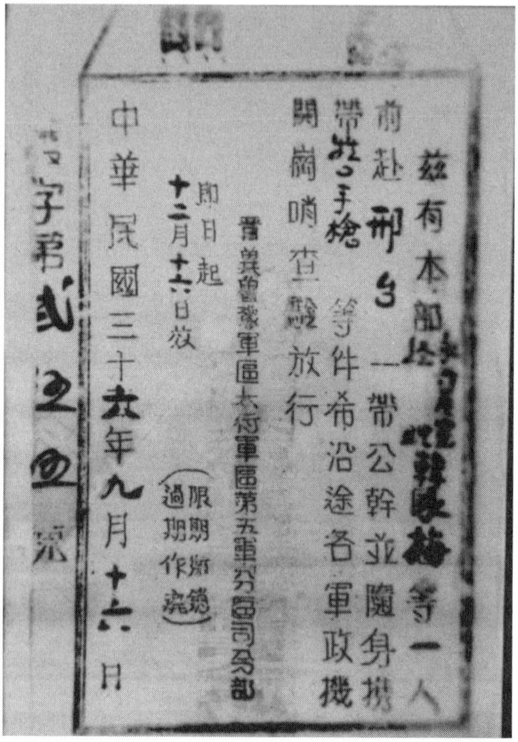
茲有本部[illegible]韓[illegible]梅等一人
前赴邢台一帶公幹並隨身携
帶[illegible]手槍等件希沿途各軍政機
關崗哨查驗放行
晉冀魯豫軍區太行軍區第五軍分區司令部
即日起十二月十六日效
（限期過期作廢）
中華民國三十五年九月十六日
[illegible]字第[illegible]號

韩永梅护照

1939 年春，日军强行改编磁县伪警备队为其第五团第三营，命宗具臣到军部任上校参议。为保存军权和实力，宗具臣把这支队伍交给了其子宗书阁，委任宗书阁为营长。8 月，宗具臣服从党的安排，答应日军的“邀请”，到峰峰煤矿担任伪矿警队司令，为党又开辟了一个秘密抗日武装据点。1939 年 10 月，由于面临被敌人解除职务的危险，其子宗书阁率 500 多人利用换防之机，在邢台县皇寺镇举行起义，投奔了八路军 129 师，由秘密抗日走向公开抗日。此后，宗具臣的潜伏工作更加困难。每天巡视矿区时，日本指导官总要陪同，将他置于严密的监督之下。为了打开工作局面，他以自己的名义办了一座私人小煤窑“具字窑”，安排 129 师情报员韩永明（韩永梅的二弟）出任掌柜，从而继续保持了与党组织的联系。

八路军 129 师领导对宗具臣的潜伏工作极为关注，刘伯承先后几次接见与宗具臣秘密联络的敌工干部，指示宗具臣“要设法应付日本人，尽可能取得他们的信任，解除怀疑，继续坚持下去，要减少联系。必要联系时，不要经过其他人，也不要写文字东西，以防泄密。”

受到党和 129 师首长的关怀指导，宗具臣倍受鼓舞，坚定了长期潜伏与敌人斗争的信心。1942 年秋季的一天，宗具臣在日本军营喝酒时，偶然间获悉日军已下达行军命令，将于次日拂晓前偷袭磁县抗日民主政府。情况万分危急，必须尽快将这一情报送出去。宗具臣一边喝酒应付，一边心里盘算着，他佯装醉酒借机离场，令韩永明火速将情报送出，为抗日政府顺利转移赢得了宝贵时间。

在白色恐怖的抗日对敌斗争中，宗具臣利用其特殊身份，巧妙与敌人周旋，保护抗日干部。他为驻峰峰的敌工干部大办婚事，让其住进自己家，并通过敌工干部为抗日政府多次秘密送去情报。1938 年秋，八路军 115 师 688 团敌工股长王树苗同志在彭城镇活动时被矿警逮捕，宗具臣乘日军指导官不在现场之机，借口证据不足，释放了王树苗。地下交通员陈凤仪、向根据地运送物资的牛成安等同志都得到过他的营救。

宗具臣不顾个人安危，千方百计地为抗日根据地筹措运送物资。他安排妻子移住峰峰时，将磁县带进矿警队的一批千余发高射机枪子弹和“七九”步枪子弹散装成13箱，秘密运进峰峰，后由太行五军分区派出的一个加强排和一个手枪班，乘着夜色，里应外合，安全运出了敌区，送到了驻扎在太行山的129师，有力地支援了抗日战争。

在抗日最艰苦的岁月里，太行根据地医药奇缺。宗具臣安排妻子利用没有任伪职、敌人不好限制的便利，跑邯郸、安阳、磁县等地，以访亲探友为名购买药品，还先后几次到北京“同仁堂”药房购买贵重奇缺药品数麻袋，通过地下交通站运送到根据地。

1945年8月，日本投降前夕，太行第五军分区在布置地区作战任务时，向宗具臣传达了三点指示：一是绝对保护峰峰煤矿不被日军破坏，保证矿山、设备、物资完整安全地回到人民手中；二是掌握好矿警队，准备反攻，矿警队的武器不得被日军带走；三是配合八路军打击敌人，解放峰峰，争取迫使敌人向我军缴械。宗具臣极其兴奋而又冷静地分析研究对敌最后斗争的策略和办法，对矿警队武装实行严格控制，调整警卫布置，加强对火药库、电厂等矿山要害处的保护力量，实行专人保护，粉碎了日军的破坏阴谋，使得峰峰的矿山、设备、财产、武装都完好地回到了人民手中。

1945年9月2日凌晨，峰峰煤矿日军向东逃窜，宗具臣立即组织700余人起义，并率领矿警队配合八路军进行追击。上午10时左右，宗具臣带领矿警队和工人群众队伍，在峰峰煤矿北门鼓乐喧天地欢迎太行第五军分区领导进矿。9月14日，庆祝抗战胜利大会在峰峰村召开，太行第五军分区向宗具臣授予“光荣义举”锦旗。1945年10月，129师师长刘伯承、政委邓小平在峰峰煤矿设宴招待宗具臣全家。刘伯承说：“祝贺你们全家团圆，整个抗战期间，你们能应付下来，可不容易。这个煤矿能安全、完整地保存下来，照常生产，电灯还亮着，你们是有功的。”邓小平特别表扬韩永梅“是宗具臣的好内人、好夫人、好参谋长，是一个立下大功的人”。

抗战结束后，峰峰煤矿警队改编为太行第五军分区磁武总队，由宗具臣任队长。此后，在解放战争中，宗具臣率队相继参加了冀南豫北地区解放观台、马头、磁县城、安阳、鹤壁等多场战斗。

抗战的硝烟虽然早已散去，但革命先烈的爱国情怀、斗争精神和英雄气概早已融入一代代峰煤儿女的血脉之中，激励广大干部职工担当实干，创新进取，为实现中华民族伟大复兴中国梦而不懈奋斗。

百年矿区　红色记忆

白山黑水，巨龙腾飞。沐浴着新世纪的改革春风，承载着国家实施煤炭大集团、大基地战略和巩固龙江能源基础的光荣使命，由鸡西、鹤岗、双鸭山、七台河 4 个国有重点煤矿组建的龙煤集团于 2004 年 12 月 26 日成立，成为我国东北及蒙东地区最大的煤炭企业、黑龙江省属标志性国有骨干企业，连续 15 年成为全国煤炭 50 强企业。在党的领导下，龙煤集团不断加强党的建设，积极探索现代化、集团化发展道路，累计生产煤炭 34 亿吨，上缴税费 656 亿元，先后投入 22 亿元支持煤城棚户区改造、沉陷区治理和龙江公路建设，为稳固和壮大龙江能源产业基础，以及全省经济社会发展做出了重要贡献。

历史赓续，爝火相传。随着 2012 年煤炭市场下行，龙煤集团的发展遇到了前所未有的压力和挑战，在企业实施改革脱困攻坚的关键时刻，是党中央给予龙煤集团更多更充分的关注和关怀。中共中央总书记习近平于 2016 年 3 月 7 日参加十二届全国人大四次会议黑龙江代表团的审议时，详细询问了龙煤集团的煤炭产量、采煤条件、采掘机械化程度等生产经营情况，并向龙煤集团提出了“面向市场、面向技术创新，增强企业发展活力和原生力”的希望。2016 年 5 月 23—25 日，习近平在视察黑龙江时再次对龙煤集团寄予期望，在发表重要讲话时指出：“龙煤、农垦、森工三大集团是黑龙江国企改革的重中之重，也是难点所在，要优化存量、引导增量，增强企业内在活力、市场竞争力、发展引领力”。

历史的长河奔涌浩荡，唯奋楫者先；时代的车轮滚滚向前，唯改革者强。龙煤集团从改革脱困的大局着眼，以敢为人先的精神气魄、壮士断腕的决心勇气，大刀阔斧地进行全面深化改革，在省委省政府的大力支持和帮助下，先后两次完成了4.06万人的大规模组织化转岗分流，下决心关闭了10座资源枯竭、扭亏无望、安全无保障的矿井，实现“两供一业”移交，紧抓煤炭市场理性回归契机，不断强化内部管理，推进煤矿的改革创新。龙煤人靠着“企兴我富我荣、企衰我耻我穷”的理念，自我革新，通过转型发展，逐步走出了危困，使一个濒危的病人从依靠外部止血、输血逐渐恢复了自身造血功能，这种顽强不屈的奋斗精神，正是支撑龙煤集团走出困境的宝贵财富和精神支柱。

牢记使命，奋进百年。回顾龙江煤炭工业的百年发展史就是一部可歌可泣的矿区红色革命史，一代代龙江矿工正是这百年历史的经历者、创造者、奉献者，他们凭借着“艰险向前、奉献光热、忠诚实干、创新开拓”的龙江矿工精神，在解放战争、新中国建立、抗美援朝、国家现代化建设各个历史时期，均做出了重要贡献，也让鸡西、鹤岗、双鸭山、七台河矿区成为新中国煤炭工业发展史上的一面面旗帜。

采光掘热逐梦行

鸡西矿区从1906年开始采煤，矿务局于1948年7月成立。在民主革命时期、新中国全面建设时期、改革开放新时期及新时代都做出过突出贡献，特别是在先进装备使用、开采技术创新和煤矿人才培养上处于全国领先地位。1950年，原小恒山矿立井由沈阳煤矿设计院科研人员设计，鸡西矿务局建井处施工，于1955年投产，史称新中国自行设计、自行施工的第一对立井。1951年抗美援朝期间，鸡西矿区职工捐献了一架战斗机，被命名为“鸡西矿工号”。20世纪60年代，我国引进的第一台波兰滚筒采煤机组落户鸡西；70年代，鸡西矿务局在全国率先使用了从世界各国引进的综采综掘等先进设备，并成功掌握了综放开采技术，引领了共和国煤炭工业生产技术和采掘机械化水平新潮流。1975年，鸡西矿业公司原煤产量突破1000万吨；1991年，原煤产量达到2000万吨，成为当时全国第二大煤炭生产基地，进入全国500强企业行列。1979年，鸡西矿务局建成亚洲第一座以煤矸石为燃料的综合利用型发电厂，当年仅1台机组年发电5000万千瓦时，两年后又新上一台机组，2台机组年发电1亿千瓦时。1989年，根据实际需要，鸡西矿务局在原小恒山煤矿自行组织攻关，将高43.8米、重3500多吨钢筋混凝土结构的排矸井井塔平移了29.2米，这项技术填补了全国的一项技术空白。2006年，鸡西矿

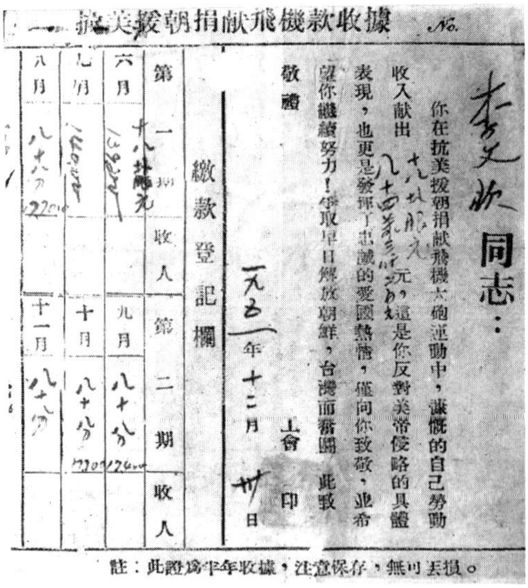

抗美援朝捐献飛機款收據 No.

同志：

你在抗美援朝捐獻飛機大砲運動中，慷慨的自己勞動收入獻出　元，這是你反對美帝侵略的具體表現，也更是發揮了忠誠的愛國熱情，僅向你致敬，並希望你繼續努力！爭取早日解放朝鮮，台灣而奮鬥　此致

敬禮

工會　印

一九五一年十二月廿日

繳款登記欄

第一期	六月	七月	八月
收人			
第二期	九月	十月	十一月
收人			

註：此證為半年收據，注意保存，無可丟損。

鸡西矿务局在抗美援朝期间捐献的飞机款收据

业公司党委荣获“全国四好班子”光荣称号。进入市场经济以后，从第一个困难期到第二个困难期，特别是2011年以来，鸡西矿务局顶住了煤炭市场下行、煤价骤降、收入锐减、经营亏损严重的压力，发扬“务实创新、自强不息”的企业精神，以“踏石留迹、抓铁有痕”的作风，积极应对挑战，借助党中央国务院、省委省政府、市委市政府的政策支持，深化企业内部改革，推动企业发展，2017年实现了扭亏为盈，并保持稳中向好的势头。

鸡西矿业公司在创造巨大物质财富的同时，还创造了宝贵的精神财富：“一分钱掰成两半花”的节俭精神，“多出一锹保一顿，多出一吨保一户”的奉献精神，“只要精神不滑坡，办法总比困难多”的抗争精神，“一点也不能差，差一点也不行”的严细精神，“喊破嗓子，不如做出样子”的实干精神，“只为成功找方法，不为失败找借口”的担当精神，“一切为了职工，为了职工一切”的人本精神。经过几代人的传承，这些精神已经深深地植根于干部员工的心中，成为推动企业发展的不竭动力。中国煤矿文工团的发源地就是原鸡西矿务局恒山煤矿。

1955年1月，鸡西小恒山煤矿建成投产

陈云、陈慕华、李鹏、朱镕基、邹家华等许多党和国家领导人，曾先后到鸡西矿区视察、指导工作，留下了闪光的足迹。百余年间，一代又一代鸡西矿工与黑暗为伍，与光明共生，用勤劳和智慧的双手捧出来自远古的光热。百余年来，一代又一代鸡西矿工薪火相传，砥砺前行，以务实和担当的精神续写着属于自己的逐梦历程。

奋进百年铸辉煌

鹤岗矿区从1917年开始采煤，矿务局于1945年12月成立。矿区百年的开采历史，经历了日本侵略者铁蹄的无情践踏，亲历过千疮百孔的恢复建设，体验过改革开放乘风破浪的辉煌，承受过计划经济向市场经济转型的阵痛，分享过煤炭“十年黄金期”的愉悦，感受过市场危机下的低谷，可以说，鹤岗矿区走过了一条布满荆棘、充满挑战的极其不平凡的发展之路。然而，也正是在这些不平凡之中，沉淀了鹤岗矿工“进取、实干、奉献”的伟大精神，淬炼了矿山人

1955年9月20日，年设计能力90万吨的第一座现代化立井——东山立井移交生产

“特别能吃苦、特别能战斗、特别能奉献”的坚毅品格，涌现了以李乐亭、孙好清、李庆萱等为代表的一大批时代楷模。也正是在这些不平凡之中，创造出了无数个第一：1945 年中国共产党在全国接管的第一个城市；解放战争时期，第一列支前军用煤车在这里出发；新中国第一个电影制片厂在这里诞生；新中国第一对现代化矿井在这里建立；共和国第一位由矿工成长为部长的于洪恩在这里走向全国。

1946 年 6 月 26 日，解放战争全面爆发。因前方战事吃紧，急需煤炭支援，为给前方将士与后方居民送去动力和光明，在矿上的一次生产动员会上，时任鹤岗矿务局局长的李天放对大家说：“东北战场打得很激烈，电煤、机煤、动力煤都很紧张，现在我们多出一锹煤炭，就等于给前方送去一颗手榴弹；多出一吨煤炭就如同为前方送去一颗炮弹，我们这时不大干，还等啥时做贡献?”“大战红五月”也由此成为鹤岗矿区的优良传统，被几代矿工传承至今，创造出一个又一个“五月奇迹”。在这之前，全局最高日产不过 3000 多吨，而在“红五月”里，仅兴山一个矿最高日产就突破了 3400 吨。一个“红五月”下来，生产的煤炭堆成了山，一趟趟专列将煤炭送往前线。

20 世纪 30 年代的鹤岗煤矿公司驻矿山事务所

中共东北局为鹤岗矿务局颁发嘉奖令“鹤岗矿务局：三下江南，四保临江，军用煤无缺，有功焉。特此嘉奖。”

与此同时，一首跨世纪的经典歌曲也正在鹤岗矿区酝酿。1947年，著名音乐家马可先生来到鹤岗。他深入千尺井下，目睹了工人光着脊梁进行夺煤大战；他来到机修车间，看到工人挥汗如雨的无私付出，每个劳动的画面都使其震撼。艺术家再也按捺不住心中火热的激情，于是他一气呵成创作了一首经典劳动歌曲《咱们工人有力量》。

从 1945 年建企以来，鹤岗矿务局累计生产原煤 7.85 亿吨，上缴税费 155 亿元，上缴税费占鹤岗市财政收入的 70%，为国家的经济建设做出了重要贡献。承担了鹤岗市 70% 以上居民的供电、供水、供暖，挑起了鹤岗城市建设、经济发展的大梁。鹤岗矿区不仅为鹤岗区域经济做出了不可磨灭的历史贡献，而且为全国煤炭工业战线输送了大批人才，鹤岗矿业公司前进的足迹，深深烙印在共和国煤炭发展的史册上。

百余年波澜壮阔、风雨征程中，历史上曾创造过无数辉煌的鹤岗矿业公司，现实中正凝聚着万众一心、宏图大展的潜能和热力，升腾起改革发展、脱困发展、转型发展的曙光，必将在新时代、新征程上创造出新的辉煌！

煤海扬帆逐浪潮

双鸭山矿区从 1922 年开始采煤，矿务局成立于 1947 年 7 月。一代又一代的采光人艰苦创业，励精图治，使双鸭山煤炭事业踏上了稳步发展的征途。1947 年 8 月，矿区最早开发的井口——“老三号”恢复生产；1951 年，全国第一台苏式截煤机投入使用；1952 年，全国第一台苏式康拜因联合采煤机在双鸭山矿区安家落户；1952 年 10

月，我国自行设计、自行施工的五对矿井之一，双鸭山第一对现代化立井在岭西煤矿破土动工；1958 年，由苏联援建的年设计能力 150 万吨的大型选煤厂建成投产。1989 年，国家为了改善和平衡全国的能源供应，加快煤炭工业的发展步伐，要求双鸭山矿务局提前一年拿下 1000 万吨。在压力和动力并存、困难和机遇同在的形势下，广大干部职工统一思想，团结一心，发扬自强奋进，争创一流的精神，当年原煤产量完成 1001.7 万吨，提前实现了千万吨的目标，成为全国煤炭系统第 18 个千万吨局。

双鸭山煤矿第一次党代会合影

在企业改革和发展的新形势下，双鸭山矿业公司不断加大矿井投入和安全配套调整，着力提高矿井安全生产水平、改善员工作业条件。采煤机械化率已达到 100%，掘进机械化率达到 99.1% 以上，一批大功率、自动化、高可靠性的先进生产装备，在煤炭生产中显示出巨大威力。2017 年，东北三省首个人工干预智能化开采工作面落户双鸭山矿业公司东荣一矿，实现巷道监控中心可视远程控制开停机、采场无人操作，创新了“无人跟机作业，有人安全值守”的开采方式，用工由原来的97人减少到47人，月单产翻了一番，此技术填补了龙煤集团乃至东北三省智能化采煤技术上的空白。2019年，双鸭山矿业公司在东荣三矿井下使用了3种巡检机器人，标志着双鸭山矿业公司井下自动化、智能化工作水平骄傲地迈出了历史性的一大步。矿井瓦斯监控、生产指挥实现了信息化，“一通三防”和安全生产保障能力实现了高可靠性，打造“装备现代化、生产集约化、系统自动化、管理信息化”的数字化矿山，已成为双鸭山矿业公司新型现代化矿井的发展方向。2020年11月，全省的智能化开采现场会在双鸭山召开。

在那激情燃烧的岁月里，广大干部职工同心同德，众志成城，付出了许多的艰辛和汗水，他们舍小家，为大家，用青春和热血做出了“敢打必胜”的庄严承诺，用一个个感人的故事，谱写了一曲曲战天斗地、激昂奋进之歌。他们就像闪烁的繁星，共同照亮了浩渺的夜空；他们是企业的脊梁，支起了双鸭山矿业公司高耸的大厦。历史永远铭记了这样一串闪光的名字：万鹏、张恩璞、宋继武、尹坤、穆淑贤、丁兆和、高翠芳、赵光吾……

英雄的双矿儿女，用一种昂扬奋进的姿态，书写一页页光辉的双矿发展史，诠释了理想、信念和崇高，展示了英勇、胆略和忠诚。

坚守初心著华章

七台河矿区于1958年开发建设，作为伴随着新中国一起成长起来的国有煤炭企业，克服了建企之初的一穷二白，经历了“文革”时期的动荡不安，战胜了20世纪90年代初期的转型阵痛，顶住了多次市场冲击，创造出生产原煤3.9亿吨、上缴利税126亿元的突出业绩，把土法上马的小井群发展成现代化大型的煤炭企业，为繁荣地方经济、支持国家建设做出了重要贡献。

1961 年勃利矿务局成立。勃利煤田的优势是得天独厚的，她蕴藏着丰富的主焦煤、肥焦，是全国少有的含煤宝地。国家急需这样的煤炭，国家急需开发这块煤田。像其他矿务局一样，新开的井都是人背井，背麻袋就像背粮袋那样，一手揪着麻袋口，一手拄着棍，背到井口门一倒，马上再回去背第二袋。后来陆续有了人绞磨、牛绞车，当时的小井是很原始的。1965 年 5 月，勃利矿务局改称七台河矿务局。到 1966 年，伴随着新建煤矿、新兴煤矿、桃山煤矿、东风煤矿的发展，西部区格局基本形成。之后，煤矿使用上了 75 千瓦小绞车、10 米压风机、20 号主要通风机、小水泵，虽被当时的煤矿工人戏称为“四小”，但比起人背井时期，七台河矿务局已经大幅度提高了劳动效率。

1963 年 3 月 26 日，勃利矿区工会首届会员代表大会

党的十一届三中全会以后，七台河矿区进入迅猛发展期。因其开采难度大（作业面最低处不足 40 厘米）、资源回收率高，1988 年 7

月，全国煤炭工业薄煤层现场会在七台河矿务局召开。1989 年，七台河矿务局晋升为国家二级企业。1991 年 12 月，七台河矿务局全年产量首次突破千万吨大关，成为中国煤矿第 19 个年产千万吨矿务局，夺得全国薄煤层之冠，创出薄煤层突破千万吨全国第一、全员效率全国第一、机械化水平全国第一、经济效益全国第一等“六个全国第一”。2003 年，全国煤矿安全质量标准化现场会在七台河召开。2004 年，时任中央政治局委员、书记处书记、中宣部部长刘云山同志做出批示：在“七一”前夕，各主要新闻媒体集中总结、宣传、报道七台河煤矿党建工作的先进事迹。2011 年，公司党委被中组部授予“全国先进基层党组织”。

艰险的行业特征、艰苦的作业环境、艰辛的创业历程、艰巨的时代重任，绘就了七台河煤矿与艰为伴、与难共舞、与时俱进的发展轨迹，铸就了七台河煤矿人迎难而上、百折不挠、挑战极限的精神血脉，汇就了七台河煤矿人顶压挺立、负重前行、破浪而为的动力源泉。薄煤层、大倾角，决定了七台河煤矿矿工的特殊作业姿态，跪天地、敬自然、祈平安，用埋头做事的淳朴本色奉献温暖人间的圣洁之光。“跪着采煤、站着做人”，既是矿工做事为人的形象描述，也是矿工内心世界的魅力写照。以马英湖、何本初为代表的矿工精神浓墨重彩地载入了七台河的史册。随着时代的变迁，勤劳勇敢的七台河人不断赋予矿工精神新的时代内涵，进而成为凝聚全市人民力量、激励全市人民斗志、承载七台河希望的宝贵精神财富。

习近平总书记讲，“历史、现实、未来是相通的。历史是过去的现实，现实是未来的历史”。龙江煤炭曾经有过辉煌，在变革中淬炼，在艰难中成就，为国家能源产业和区域经济建设做出了突出贡献。当前面对东北振兴、老工业振兴赋予的千钧重任，作为老工业基地的标志性煤炭企业理应走在前列。对历史最好的纪念，就是创造新的历史。面对深化国企改革这一千载难逢的历史机遇，面对仍然布满荆棘的改革发展新征程，龙煤人以建设新时代现代化新龙煤、推动企业高质量发展为己任，赓续红色基因，弘扬矿工精神，牢记初心使命，以崭新的精神状态和奋斗姿态，在实现龙江全面振兴、全方位振兴的新征程中奋力前行。

总有一种力量指引我们前行

抚顺市望花区古城子街1路1号，春日暖阳下，“抚顺煤矿博物馆”7个字熠熠生辉。

抚顺煤矿博物馆展厅内，一座构图简洁干练的浮雕，生动地反映了抚顺煤矿百余年的历史进程。整座浮雕70%的部分是一条东西走向的远古龙脉脊梁，画面中央凸显的是现代矿工和煤矿工程技术人员的形象，寓意着支撑这一“龙脉”的其实就是我们的煤矿工人。

驻足浮雕前，100多年来的波澜壮阔卷起万千思绪——在困境中抗争的抚顺煤矿工人，给我们留下了怎样的精神财富？

抚顺煤矿博物馆

不屈的抗争

一张由光绪皇帝御笔批复的允许抚顺煤矿开采的奏折，陈列于抚顺煤矿博物馆。

“1901 年 10 月 8 日，奉天将军增祺呈书上奏慈禧和光绪，请批开采千金寨煤矿，光绪皇帝朱批：‘著照所请该部知道’”。抚顺煤矿博物馆讲解员刘英介绍，同年 12 月 9 日，增祺正式向申请开矿的王承尧、翁寿颁发了“开采批准书”。从此，抚顺煤矿拉开了近代开采的帷幕。

随即，王承尧开始募集商股，先后筹集白银十万两，组建了华兴利公司。华兴利公司总部设在千金寨，分公司设在沈阳。王承尧自任总办，统管 5 个坑口，矿工多时每天五六百人，从 1901 年 2 月开始产煤，每日产煤少则 10 万斤，多则 70 万 ~ 80 万斤。王承尧以中国民族资本办矿，成为抚顺煤矿近代开发史上的首任矿主。

1904年2月，日俄战争在中国关东地区爆发。1905年1月，王承尧拥有的5个矿坑中，有3个被俄军武力占领。3月，俄军战败，日军占领千金寨。面对日本帝国主义的武装占据，王承尧屡次向设在奉天的中国衙门和日本驻奉天的官员申诉、交涉，要求收回煤矿。然而，在长达6年之久的争夺矿权斗争中，王承尧耗尽钱财和精力，先后上书达11次，充分展示了反抗强暴的傲然风骨。但却终因朝廷的软弱无力，未能如愿收回矿权。

然而，在日本帝国主义残酷剥削和血腥镇压面前，抚顺煤矿工人的抗争从未停止过。煤矿工人前仆后继，开展了公开或隐蔽的、有领导或自发的持续不断的斗争，给予日本帝国主义和封建势力以沉重的打击，促进了广大工人群众思想的觉醒。

据《满蒙要览》记载，1916—1925年十年间，抚顺工人的罢工就有25次；1926—1929年又有6次，仅1926年就有4次罢工斗争。

在1919年5月4日反帝反封建运动在北京爆发后，全国学潮、工潮风起云涌。7月，古城子露天堀300名运输工人举行罢工。当时，由于日本人强行投采，运输工人要在铁道运输线路不平且没有信号的条件下，每天连续工作12小时以上，事故不断发生。在安全与生活无法保证的情况下，工人们举行罢工。开始，炭矿当局收买部分工人上工，但罢工工人看穿了这一阴谋，手握镐把堵住各道口，劝说来上工的工人，迫使生产瘫痪，在坚持三天三夜之后，矿方被迫答应工人要求，罢工取得胜利。

1924 年，老虎台坑和万达屋坑千余名工人联合起来，反对新工资制和涨价，连续举行两次罢工。在工人们的坚持下，矿方不得不贴出布告：煤车不掉价（矿工装煤车为计件，此指装车价不减），伙食不涨钱，罢工两天，工资照发。

燎原的星火

理想信念，让人坚定执着；初心使命，让人一往无前。

1927 年 10 月，中共满洲省委成立后，把抚顺作为党的活动中心区域之一，派省委干部王立功、王仁斋、王振祥、张贵一、王鹤寿等分别到抚顺工作。他们深入煤矿，发动矿工开展工人运动，建立红色工会组织斗争。

1929 年 4 月，王鹤寿深入古城子地区，建立了党的外围组织互济会。在党的领导下，工人运动遍及抚顺各矿厂，打击了日本侵略者和炭矿当局。

1930 年 6 月，满洲省委又派张干民（即赵文栋）到抚顺工作。张干民深入古城子露天堀，同矿工打成一片，参加采煤工作，发展党员、赤色工会会员，提出工人最迫切的要求，发动和领导工人群众开展斗争。经过努力，他在抚顺炭矿发展了一批党员，如古城子坑的李鹤年、东乡坑的朱东山、大井坑的郝金贵。在此基础上成立了抚顺煤矿第一个党支部，经过选举，张干民任书记。之后，张干民等人又发展了赤色工会会员 30 余名。

1930 年 7 月，中国总工会在上海召开大会。之后不久，抚顺成立中华全国总工会抚顺职工会（简称抚顺赤色工会）。很快又发展了四五十名会员，并在古城子召开了抚顺煤矿工会成立大会。经过民主选举，郝金贵为抚顺煤矿工会主席，委员有张干民（兼秘书）、朱东山、李鹤年。在工会组织壮大的同时，党的组织也在发展扩大，根据满洲省委指示，在古城子召开了干事会成立大会。经过党员选举，张干民任书记（兼组织委员），委员有朱东山（负责农民工作）、李鹤年（负责宣传）、郝金贵（负责工会）；抚顺特支下设三个支部：古城子支部（书记李鹤年）、大井支部（书记郝金贵）、郊区农村支部（书记朱东山），李爱民负责团的工作。

干事会成立后，抚顺特支积极发动和领导工人开展斗争，主要是领导工人闹大柜和与把头作斗争。古城子和大井两个支部，分别发动工人和把头算账，要求把头将克扣工人的工资交出来。此外，特支还组织工人打鬼子、分饭房等活动。到 9 月，抚顺煤矿已发展成立了 5 个党支部，其中有 3 个矿山支部、1 个发电支部和 1 个农村支部。全市共有 30 余名党员、5 名团员。11 月初，中共满洲省委主要成员林仲丹来抚顺巡视工作，由于叛徒范青（又名胡捷三）告密，林仲丹、张干民、李爱民和省委特派员杨一晨等全部被捕，中共抚顺县委即遭破坏。

1931 年九一八事变发生后，党派张佐汉到抚顺工作。1937 年 4 月，抚顺特支改组，周鼎仲分管矿山党组织发展工作，任抚顺煤矿采煤所书记，他与王恒庆、冯世贤两人先后两次到煤矿工作，发扬和扩大党的组织，对工人的反抗运动起了组织引导作用。1939 年 2 月，成立了抚顺支部，直接隶属省委领导。党的主要工作放在制油厂、学校及各产业部门。

“特殊工人”的特殊力量

大部分“特殊工人”都经过党的教育和抗日战场上的锻炼，是抚顺煤矿广大工人团结抗日的重要力量。

1943 年 8 月，“特殊工人”王国恩在工人中宣传爱国思想被敌人逮捕，引起工人愤怒，200 多名工人联名向日本侵略者提出抗议，由于敌人怕事态扩大，被迫释放了王国恩。

破坏日伪生产设施是“特殊工人”的另一种斗争手段。1941 年 6 月 9 日，由保定训练所送到抚顺炭矿所属的蛟河采炭所的“特殊工人”，大部分是八路军的干部战士，斗争性强。他们常常唱抗日歌曲、写抗日标语，到矿一周，就展开了破坏煤矿设备的斗争。

组织队伍，痛打敌人。1942 年 9 月，西露天矿采掘事务所火药库“特殊工人”朱美斋组织 200 多人砸了劳务系和日本店铺。1943 年 10 月 11 日，该事务所“特殊工人”孙润民领导矿工采取罢工、怠工、破坏设备、制造事故等手段，与敌人进行斗争。老虎台矿的“特殊工人”在张相哉、鲁福祥、孟兆林等人领导下，于 1944 年 2—3 月，同敌人展开了激烈的斗争，提出“不发工资不给衣服就休工”，迫使日伪当局答应条件。

组织逃跑，是“特殊工人”常用的斗争手段。1941 年 11—12 月，被押送老虎台采炭所万达屋井的“特殊工人”，在原八路军 212 旅任作战参谋的南品（化名王敬堂）、政治部秘书马苏义（化名杨三春）、副团长熊言顺领导下，经过充分准备和发动，组织了一次较大的逃跑暴动事件。参加暴动人员 200 余人，其中有秘密党支部的 30 余名党员，以及原国民党部队的抗日被俘人员 58 名官兵等。12 月 21 日晚 9 点，暴动开始。在逃跑中被敌人发现后在浑河北岸三家子后山与敌展开血战，其中有 8 人当场牺牲、49 人被抓捕回煤矿，南品、高光鉴、李新民 3 人被以“暴动主谋”为名押送奉天监狱，其他人逃出虎口。1941 年，共有 1687 名“特殊工人”逃跑，占当年煤矿“特殊工人”的 1/4。1944 年以后工人逃跑更为频繁。据统计，1944 年 4—6 月，仅 3 个月逃跑工人就有 8344 人，其中 5545 人逃跑成功。

“特殊工人”的斗争一直鼓舞着抚顺煤矿工人的斗争，一直到抗

日战争胜利后，绝大部分“特殊工人”才回到了八路军队伍。

迎 来 曙 光

1948年10月30日夜，解放抚顺的战斗打响了。31日早7时，抚顺煤矿没费一枪一弹，顺利解放。

1948年12月末，抚顺矿务局临时委员会改为抚顺矿务局。王新三任局长，同时任命所属各厂矿正副厂矿长。从此，抚顺矿务局组织机构正式建立，各项工作开始走向正轨。

新中国成立后，抚顺煤矿开始了恢复建设工作。作为新中国工业的长子，抚顺煤矿向新中国奉献出了第一吨煤、第一桶页岩油、第一炉钢、第一包铝等诸多填补新中国空白的“第一”，更是用无数双布满老茧的双手和澎湃的激情采掘出“工业食粮”，为百废待兴的新中国奉献出了光和热。

1956年，抚顺煤矿开始实施总体改建。经过初步改建，煤炭生产能力很快达到千万吨以上，从而使抚顺跃升为国家重要的煤炭生产基地，抚顺因此被誉为中国的“煤都”，享誉中外。

1998年，抚顺矿务局开始着手进行公司化改革。2001年初，形成了改制基本方案。2001年5月14日，抚顺矿务局将有关方案提交有关部门，省国资委于同年6月下发文件批准《抚顺矿业集团有限责任公司章程》。2001年9月29日，抚顺矿业集团有限责任公司正式成立。

奋　力　前　行

截至2021年，抚顺矿业集团公司已成立20年。

这20年里，“抚矿人”接续奋斗，再谱新篇，高质量推进各项工作进程，危中寻机，困中破局，交出了一份员工满意、上级肯定、社会认可的合格答卷。

2020年初，面对突如其来的新冠肺炎疫情，抚矿集团公司上下坚决贯彻中央精神、省委部署，以敢于胜利的信念应对疫情大战，以勇于奋斗的姿态应对发展大考，困中稳局，稳中求进，实现了“疫情防控有效，实现零感染；复工复产有序，实现零事故；社会责任有为，实现零缺席”的“三个为零”目标。

观大势，谋全局，闯新路。在推动集团公司高质量发展的征程

中，“抚矿人”既有“中流击水浪遏飞舟”的坚定意志，又有“越是艰难越向前”的壮志豪情，更有“踏平坎坷成大道”的务实行动。

2020年，抚矿集团公司超前谋划生产接续，科学优化产业布局，全力稳住经济基本盘，新兴产业再度向好，传统产业步伐稳健。振奋人心的消息纷至沓来……

浓情5月，抚顺市城市生活垃圾焚烧发电项目破土动工，为集团公司绿色循环经济注入了新动能。

盛夏8月，集团公司与华能庆阳煤电有限责任公司正式签约，整体托管核桃峪煤矿项目，实现了几代“抚矿人”走出去发展的梦想，开创了域外发展新局面。

金秋9月，西舍场30万千瓦光伏发电项目开工建设，集团公司新能源产业再添硬实力。

浑河城房产开发二期项目建设如火如荼，闲置地块成功升级商业热土。

大官窑陶瓷文创园正式揭牌，成为抚顺又一城市文化名片。

固废产业研究走在全省前列；废旧轮胎与页岩热解制油项目被列为辽宁省科技重大专项；固沙、保水、改土新材料开发应用，通过国家循环经济协会鉴定。

“两厂”压煤、背压机组、玄武岩及高岭土开发利用等项目均取得阶段性进展，发展动能加速集聚，转型升级步入快车道。

从愿景到现实，“抚矿人”做强做优做大国有资本，发挥国有经济战略支撑作用的干劲更大、底气更足。

面对使命和重托，坚毅的“抚矿人”始终保持干事创业的锐气和逢山开路、遇水架桥的胆识，牢记总书记的殷殷嘱托，聚力破解掣肘难题，深化改革创新举措，办成了许多过去想办而没有办成的大事，办好了自己应该干、能够干、干得好的件件实事，进一步提升了高质量发展的含金量。

——大力实施“瘦身健体”，三家机构被压缩合并；扎实推进混合所有制改革，引入华能、中广核等实力央企参与改制重组、项目合作，撬动社会资本，促进合作共赢；抢抓政策窗口期，努力实现国有资产保值增值；稳妥推进厂办大集体改革、退休人员社会化管理职能移交等工作，一批长期影响和制约企业发展的突出问题得到有效解决。

——严格落实工效联动机制，建立全员绩效考核体系，为2292名新员工提高定级工资，月人均增资174元；672人通过技术比武、首席员工、技师评审等途径，享受提高技能工资、津贴等待遇；全年员工人均工资同比提高7.6%。

——与辽宁大学合作举办中青年管理人员能力提升培训班，有效提升管理人员的能力素质。招聘各类专家、高校毕业生、技术工人699人，内部平衡调剂724人，使得人才引进培养力度更强，员工进出渠道更加畅通。

“让全体‘抚矿人’都能过上好日子”“不让一名员工下岗”一诺千金，百年抚矿兴家业、厚家底、惠家人，一幅员工幸福生活的新画卷正在铺展。

党建是国有企业改革发展的“总抓手”，党建兴则国企兴，党建强则国企强。在推进高质量发展建设进程中，集团公司党委总揽全局，协调各方，将党建强基、铸魂、战略、人才和护航“五大工程”作为把方向、管大局、保落实的有力载体，作为新时代加强党的领导与完善公司治理相统一、加强党建与生产经营深度融合的重要抓手。

党旗高扬，万众一心。近年来，抚矿集团公司各项事业迈上新台阶、实现新突破，先后荣获中国煤炭工业协会颁发的“先进煤矿”“科技创新先进单位”“统计工作先进单位”“档案管理先进单位”等殊荣，企业发展有温度、有质感、有底蕴，更具内涵。

当前，抚矿集团公司正处在转型升级、高质量发展的提速阶段。踏上新征程的抚矿集团，将越发精进地做好改造升级“老字号”、深度开发“原字号”、培育壮大“新字号”三篇大文章，努力走出一条质量更高、效益更好、结构更优、优势充分释放的转型发展新路，奋力开创高质量发展的新篇章。

“特殊工人”的抗日斗争

1941 年 2 月 7 日，日伪统治下的阜新车站，一列闷罐车喷着乌黑的浓烟缓缓地开进车站。80 多位瘦骨嶙峋但神情坚毅的八路军战俘，被荷枪实弹的日伪军警押下火车。这就是从河北保定押到阜新煤矿充当采煤苦力的首批“特殊工人”。

“特殊工人”，是相对于普通劳工而言，是指在华北地区被日伪军抓捕的抗日军民。他们当中有被俘的八路军指战员，也有国民党军队的官兵，还有抗日根据地的干部群众。在中华民族最危险的时候，这些不愿做奴隶的人们虽然身陷囹圄，依然不屈不挠，采取各种方式，英勇顽强地同凶恶残暴的日本侵略者作斗争，在阜新历史上留下了可歌可泣的英雄篇章。

随着日军侵华战争的扩大，伪满洲国的劳动力十分缺乏。1941 年初，日本帝国主义在华北沦陷区建立的汉奸组织新民会与华北日军共同策划，向伪满洲国的“国防产业战线”遣送“特殊工人”，即将日军在战场上俘虏的中国军队官兵、在根据地抓捕的干部群众以及当地宪兵队、警察署等处收容的“犯罪可疑分子”，在日军特设的训练所强制受训后，分批押送到东北，分派在日本关东军的军事工程和日伪指定的为战争服务的重要产业充当苦役。

由于遣送的人员不断增加，1942 年 6 月 30 日，伪满洲国民生部部长源田松山主持召开了由日伪军政部门要员参加的会议，决定将

“特殊工人”分为“辅导工人”和“保护工人”，并通过了《辅导工人使用要领》。“辅导工人”是华北地区的八路军、国民党军队及其他抗日武装在战斗中被俘的人员。“保护工人”是日军在清乡扫荡中抓捕的老百姓。“特殊工人”主要分配在满洲炭矿株式会社所属的企业，进行集体监管和强制劳动。从1941年2月到1943年5月，共有十多批9300多名“特殊工人”被日军由石门（今石家庄）、保定、太原、徐州、济南、北平、青岛等地押送到阜新市各煤矿挖煤。

满洲炭矿株式会社阜新矿业所对“特殊工人”实行的是企业管理和军事镇压相结合的管理方式，对“特殊工人”的统治有一套严密的管理机构和办法。当时各矿“特殊工人”的住所与普通劳工的住所是分开的，每栋房子住百余人，用水泥抹成对面炕，炕上没有席子，很少烧火。房子外围筑起高墙，墙上布满电网，大门由矿警持枪把守。宿舍区内设劳务系，负责对“特殊工人”进行管理，而且与宪兵队、警察署三位一体，对“特殊工人”行使专政职能，有权拘捕、审讯他们认为可能有问题的“特殊工人”，或将“特殊工人”直接送到工人辅导所（监狱）。为防止“特殊工人”逃散，在主要交通路口、车站设置检查站，由警卫人员昼夜巡查。“特殊工人”上下班都由矿警持枪押送，防止逃跑。“特殊工人”在井下每天要劳动12小时以上，而且有日本监工或汉奸把头手持战刀、镐把进行监督，稍有懈怠便是一顿暴打，有的甚至被当场打死。

日伪当局还设立集中营式的“海州工人辅导所”，对有抗日思想和反抗行为的“特殊工人”施以监禁。凡被抓进“海州工人辅导所”的“特殊工人”都被关在大房子里，夏季漏雨满屋腥臭，冬天风雪袭人。“海州工人辅导所”1943年与平安监狱合并。平安监狱的“特殊工人”，有40%是从承德监狱转来的冀热辽抗日根据地的军民。待遇很差，主食主要是高粱米和玉米面，菜很少，即使有也只是少量的稀菜汤。犯人吃的也分等，下井采煤的为一等，下井的杂工为二等，地面杂工为三等，病号为四等。规定：一等的每天定量是1.2斤，二等的1斤，三等的0.8斤，四等的0.4斤。一天除中午能吃上一顿少量的饭团或玉米面窝窝头外，早晚两顿多是高粱米稀粥。当时流传着这样两句话："辅导所是阎罗殿，进去容易出来难。"监狱里被折磨死的"特殊工人"难以计数，有时一天就多达几十人。

"特殊工人"除受日伪军警的野蛮管治，还要受汉奸把头的残酷压榨。"特殊工人"冒着生命危险完成超强度的劳动之后，每人每月除去吃饭还要扣去各种费用，如车底费（煤车皮费）、医药费、指纹费（领工资时按手指印）、带班费、家具费等，每月仅能领到10到15元（伪满币）工资，还不是现金。"特殊工人"的工资是以饭票的形式发放的，无法在社会上流通，只能在宿舍区内由汉奸把头们建的小卖店里高价购买生活必需品。汉奸把头还设赌场、开妓院，诱惑"特殊工人"将血汗钱送进他们的腰包。

日本侵略者为了攫取更多的煤炭，以满足战争的需要，采取"要煤不要人"的野蛮开采政策，根本不考虑安全措施，冒顶、瓦斯爆炸等事故频繁发生，有时明知有可能冒顶，仍硬逼着"特殊工人"下井采煤，致使"特殊工人"的生命安全没有一点保障，矿井伤亡事故频频发生。"特殊工人"生病或受伤也得不到有效治疗，往往被送到病号房，在那里饮食没人照料，很少能有人活着出来，有的重病号还没有死就被扔到死人仓库里等死了。当时传染病流行，劳工成批死亡。还有很多劳工因有反满抗日情绪而惨遭屠杀。据统计，到1945年8月日本投降，平安监狱的四千多名"特殊工人"中死亡1890多人，死亡率高达47%以上。由于死亡的人越来越多，伪满当局先后设立新邱兴隆沟、太平城南、孙家湾南山、五龙南沟等4处墓地，总计占地面积50多万平方米。死难劳工被成百地扔在坑里群葬，劳工称之为"万人坑"。

面对残暴的压榨和非人的待遇，"特殊工人"纷纷奋起抗争。特别是“特殊工人”中的八路军战俘和根据地干部，都受过党的教育，觉悟较高，虽然身陷囹圄，仍保持着昂扬的斗志。“特殊工人”中的共产党员秘密串联，自发地组织起党支部或党小组，组织与发动工人同日伪统治当局和汉奸把头英勇斗争。

原山东《大众日报》社发行股股长韩玉玺和报社编辑部文书吴文军，在五龙采炭所秘密串联 6 名党员，组建了五龙“特殊工人”党小组；原河北定县小学教员胡煜（化名翟光）、原抗大二分校三团无线电台队长范荣绪（化名张洪恩）等 7 名党员在高德采炭所组建了塞北党支部，范荣绪为支部书记、胡煜为委员；原抗大二分校三团宣传股股长李振军（化名马良）、抗大二分校三团政治主任教员朱韬（化名李满贵）等 12 名党员，在新邱采炭所将原在石门“劳工教习所”秘密成立的党支部改为新邱特支（后与塞北支部合并，成立十月特支），支部书记李振军，组织委员是八路军冀中军区连队指导员戴绪书（化名赵松涛），宣传委员朱韬；原冀南军区参谋王一夫（化名徐学俊）、冀南某地委机关干部史玉庆等在太平采炭所成立了第六“特殊工人”大队党支部，支部书记王一夫；原翼中七分区连指导员张立言（化名李斌）、七分区某团干部邸欣等成立了太平采炭所第八“特殊工人”大队党支部，支部书记张立言。

这些秘密党组织在敌人严密监视之下通过与党员秘密谈心的方式，指导党员在“特殊工人”中开展宣传工作，发动和领导“特殊工人”，采取怠工、罢工、绝食、书写抗日标语、制造事故和暴动等方式破坏日伪“大出炭”计划，同日伪统治当局进行斗争。

1942 年 7 月，新邱采炭所“特殊工人”，在韩湘云带领下，因不满日本监工的欺压，痛打了日本监工柴田，然后三百多“特殊工人”举行罢工。罢工的“特殊工人”提出“增加工资，调走柴田，不答应决不上班”的要求。罢工持续了两天，新邱采炭所所长桑村松二只好答应“特殊工人”的要求，每人每月增加 5 分钱工资，并把柴田调走。罢工取得了胜利。8 月，石门“劳工教习所”来的“特殊工人”大队因伙食太差，集体进行斗争，拒不吃饭，迫使采炭所只得同意让他们自立伙房，自己派人做饭。

1943 年 2 月，高德采炭所“特殊工人”到矿上日本人开的卖店买粮，日本掌柜不按配给供应，还不发下井穿的水袜子，而且十分蛮横，翟光、范荣绪等共产党员便领着几十名“特殊工人”砸了卖店。

第一批来阜新的“特殊工人”、原晋中八路军连队指导员黄廷芬，要求缩短劳动时间，痛打了坑口汉奸把头和劳务系日本翻译，并砸了日本翻译开的饭馆。日伪当局借故拘留 6 名工人，黄廷芬提出抗议，并带领全队 30 多名“特殊工人”罢工。10 多名日本人对黄廷芬等人大打出手，黄廷芬被打成重伤也不答应复工。斗争的结果迫使日伪当局做了一些让步。因为坚持斗争，黄廷芬等“特殊工人”被关进“海州工人辅导所”监狱，受尽折磨。后来黄廷芬被日伪军警押到长营子河套活埋。

秘密党组织还多次有计划地组织“特殊工人”分散逃跑，重返根据地参加抗日斗争。1942 年 6 月 7 日，太平采炭所 69 名“特殊工人”因反对强制管理和口粮不够吃，结伙逃走。6 天后的深夜，这个采炭所的 41 名“特殊工人”，用棍棒将两名伪满矿警打昏在地，结伙逃走，后有 1 人被抓回扔进监狱。截至 1945 年“八一五”日本投降时，阜新的“特殊工人”累计逃跑人数达 3000 多名。

1942 年 9 月 2 日，新邱采炭所 292 名“特殊工人”举行暴动，给日伪当局以沉重打击。日本投降后，有些在阜新当过“特殊工人”的八路军干部，随着接收阜新的部队重回阜新，参加党政建设。其中，韩玉玺、叶舟分别担任了彰武县、阜新县县长。

阜新煤矿“特殊工人”秘密党组织领导的抗日斗争，充分体现了共产党人的崇高气节和坚贞情操，体现了中华民族伟大的爱国主义精神和不怕牺牲、反抗侵略的英雄气概，在阜新历史上留下了光辉的篇章。

悠久的历史　不变的初衷

——永定庄煤业公司党组织建立71年回眸

永定庄煤业公司及其前身永定庄矿党组织是中国共产党在大同地区早期发展的党组织之一，也是晋能控股煤业集团成立最早的党总支之一。

早在1925年初，大同地区建立第一个铁路工人党支部起，就把注意力扩展到口泉矿区。1928年12月，《顺直省委职运决议案》中明确提出："目前我们的中心工作在城市……口泉、门头沟等地工人区域，党亦应注意去工作。"据《大同煤矿史》记载，1931年，中共山西特委先后派李彬（又名李志敏、李顺民、李计成）、王孝慈（又名白忠仁、王富才）、粟志舟（又名粟再温）等同志到大同煤矿建立和发展党的组织。1932年10月，永定庄瓦渣沟煤矿就因有"共产党嫌疑"被阎军一夜间包围，将矿师、职员全部关押监牢，激起了众多煤矿工人的极大愤慨。1933年11月，大同口泉镇建立了特别党支部。1936年，山西"牺牲救国同盟会"（简称"牺盟会"）成立，永定庄及煤峪口等矿厂的很多工人参加了"牺盟会"并通过"牺盟会"加入了中国共产党。1937年9月，日本侵略军逼近大同，牺盟会工作也随之停止。

1940年，日本帝国主义在共产党的敌后游击战打击下，开始把主力放在敌后战场，对广大的抗日民主根据地进行扫荡，开展所谓“治安强化运动”，抗日斗争进入困难阶段。1940 年，大怀左县委被破坏，改组为大（同）怀（仁）县委，归属雁北地委领导，8 月县委撤销，中共雁北地委派白奇（又名刘耀宗，1940 年 6—8 月为大怀左县委书记）同志化名刘富贵，到永定庄矿黄草洼以开小卖店为名开展工作，加强口泉前山各矿地下工作的领导。

1945 年冬，雁北地委派王堪同志负责口泉矿区及大同工商界的建党工作，在永定庄与煤峪口等矿厂分别建立了秘密党支部，党的地下活动也随之展开。同年 8 月，永定庄矿及口泉一带落入阎军手中，但口泉支队在永定庄矿地下党组织的积极配合下，夜袭了当时设在永定庄矿的矿警总部，并收编了矿警队。

1949 年 2 月，大同煤矿前山区各矿均获解放。3 月，中国人民解放军大同市军事接管组接管大同煤矿并进驻永定庄矿。5 月，在永矿成立了大同煤矿筹备处。6 月，筹备处党支部成立，李谨亭任党支部书记，并在各矿厂建立了工会组织、工人纠察队和矿山管理委员会。9 月，中共大同市委矿区分委会成立后，各矿厂党支部开始公开建立。永定庄矿第一任党支部书记由军代表张玉海同志兼任。1950 年 4

1949 年 8 月 1 日永定庄一号井开始出煤，这是大同矿区解放后首次出煤

月，永定庄矿和同家梁矿合并为第二矿，同年 8 月，建立了“中共第二矿党总支委员会”。1952 年，成立了“永定庄矿党总支委员会”。至此，永定庄煤业公司（原永定庄矿）党组织，呈星火燎原之势不断发展壮大，带领干部职工生产建设，走过了 71 年的历程。

一、创业之初，健全党内制度、加快组织发展

在建企之初的 20 世纪 50 年代初，“永定庄矿党总支”健全党内制度，严格了党内组织生活，建立了一系列组织工作制度，党员发展对象以有技术的老工人和青年知识分子为主。1954 年，在全矿 3132 名职工队伍中，党员数量已发展到 351 名，同年 12 月，各支部开始试开支部大会。1956 年，经省委批准成立“中共大同煤矿永定庄矿分委员会”，撤销党总支。1957 年，分党委改称为“中共永定庄矿委员会”。此后，井口、工区、生产队（车间）逐步建立了党总支、党支部，积极发展党员，并加强了党员考核。1975 年底，已有 10 个党总支、55 个党支部、109 名党总支委员，238 名支部委员，1229 名党员。

20 世纪 50—70 年代，党员的先进性充分体现，涌现出了诸如张万福、韩福、勾俊海等一批全国劳模、全国先进工作者、全煤行业劳模。1962 年 6 月 26 日，在井下塌顶的危险时刻，党员苗功同志为抢救两名工人兄弟而光荣牺牲，被山西省委追认为革命烈士，在全省、全局及全矿号召职工开展学习苗功舍己救人的崇高精神活动。1965 年，大同市委下发《关于学习宣传张万福同志的决定》，在全矿党群中掀起了学赶先进的热潮。

同时，也孕育出许多优秀的矿工家属，欧学联就是其中的杰出代表。1963 年 3 月 5 日，毛泽东主席发出“向雷锋同志学习”的伟大号召，她听了雷锋同志的事迹后，心忽然亮堂起来。她坚信只要肯

干，也能在平凡中为人民服务，报效国家。从此，她开始半个多世纪学雷锋、做好事，得到了党和人民的高度肯定，先后获得全国道德模范、第九届全国人大代表、全国先进工作者、全国三八红旗手、全国双拥模范、山西省特级劳动模范、优秀共产党员等荣誉。她留下的“学联精神”成为晋能控股集团宝贵的精神财富，而她学雷锋、服务企业、服务员工、服务社会的一个固定场所——欧学联学雷锋基地，也成了永煤公司的一处红色遗迹。2018 年，永煤公司将这里建设成党性教育基地，举办永煤道德讲堂。2018 年底老人逝世后，公司对基地进行了修缮，整理了老人生前的各类荣誉证书、奖状、锦旗，以及欧学联纪实文学作品、书籍、信件等，重新布置了展厅，增设了党史、矿史展览，以崭新面貌迎接前来参观的党员群众和社会各界人士。

20 世纪 60 年代，欧学联带领家属学习毛主席语录

1973 年 7 月永定庄矿女矿工准备下井

二、改革发展，党组织建设向规范化、制度化迈进

党的十一届三中全会之后，党的工作重心转向经济建设。进入 80 年代，企业党建工作紧紧围绕经济建设这个中心，大力开展了“两先两优”及“创先争优”活动，各党总支、支部对党员实行了百分考核制。党的组织发展工作将重点放在了井下和采掘一线，党建工作逐步走向正规化、制度化。1989 年，改选了基层党总支、支部，制定了关于加强基层组织工作的实施办法。1990 年后，根据深化企业改革，转换企业经营机制，计划经济转向市场经济的形势，提出了“围绕经济抓党建，抓好党建促经济”的指导思想，党的组织发展工作坚持民主评议党员干部，进一步严格“一课三会”制度。1991 年，先后大力开展了以千名党员带动万名职工的“抓千带万”、“干部为

工人办实事、工人为企业献才华”的“两为”、“干部爱工人、工人爱企业、企业增效益”的“两爱一增”、“为党旗增光、为矿立功”等活动，职工工作生产积极性空前高涨。

1964 年永定庄矿改建后新斜井外景

20 世纪八九十年代，“解放思想，深化改革”成为主题，“两个文明”同步发展。这个时期，矿党委坚持从严治党，加强党风廉政建设和思想政治工作，进一步转变干部作风，提高员工职业道德，推进企业民主管理，密切了干群关系。“团结奉献，务实争先”的永矿精神也是在这一时期得到提炼和弘扬的。同时，在“创先争优”和“抓千带万”的氛围中，涌现出刘贵等一大批省级劳模、优秀共产党员，充分发挥了党支部的战斗堡垒作用和党员的先锋模范作用。1992 年、1993 年，矿井百万吨死亡率连续两年实现了零的目标，产量连年保持在 250 万吨以上，这也是企业改制前“方方面面争一流”的大矿辉煌时期。

三、改制重组，二次创业，党组织政治优势作用凸显

20 世纪 90 年代后期，侏罗纪煤炭资源日益枯竭，冗员过多，负

20 世纪 50 年代，创全国纪录的张万福掘进队

1991 年 4 月原能源部副部长胡富国回到他曾工作过的
永定庄矿看望广大职工

担逐年加重。1997—1999 年，企业连续三年出现严重亏损。2000 年 9 月 5 日，发生了让永煤人刻骨铭心的“9 · 5”特大瓦斯爆炸事故，企业雪上加霜，跌入谷底。2001 年 11 月，企业走上破产重组之路，

实现改制，成立了“中共永定庄煤业有限责任公司委员会”。重组之后，永煤公司党委确立了“一手抓安全生产，一手抓企业稳定”的思路，从领导班子抓起，打造和建设团结进取的工作团队，让永煤人看到了希望，振作起了精神，凝聚起了人心。2004 年，公司党委制定了“第一步打基础，第二步上台阶，第三步创水平”的“三步走”发展战略和“抓抢延深发展机遇，再铸永煤辉煌未来”的奋斗目标，实施西部向中部、侏罗系向石炭系“两个转移”，15 号煤层 309 盘区开拓和石炭纪延深两大战场顺利推进，煤炭生产任务超额完成，质量标准化建设迈上新台阶，矿井建设有了质的飞跃。

党的十八大以来，企业实现大发展、大跨越，原煤产量稳步提升，连续多年突破 300 万吨，2016 年，原煤产量完成 397.2 万吨，创历史最高纪录。2016 年，时隔 25 年，召开了第八次党代会。2020 年 10 月，晋能控股集团有限公司组建成立，公司党委更名为“中共晋能控股煤业集团永定庄煤业有限责任公司委员会”并挂牌。

改制 20 年的发展历程中，永煤公司党委开展了“保持共产党员先进性教育”“践行科学发展观”“科学引领大发展，党建工作创全优”创先争优活动、“三严三实”专题教育活动、党的群众路线教育实践活动、“两学一做”学习教育、“不忘初心、牢记使命”主题教育等，党组织的政治核心作用和党支部的战斗堡垒作用得到充分发挥，政治保障能力明显提升，广大干部职工思想得到进一步统一，作风更加扎实，人心更加凝聚，为公司的快速发展提供了强大的智力支持，企业进入了强势发展的时期。

尾声

71 年来，无论是“党总支”“分党委”，还是“矿党委”“公司党委”，永定庄煤业公司党组织始终不改初衷，坚持从严治党，站在改革发展的最前沿，发挥着坚强的领导核心作用。

无论是在艰苦创业初期，还是在改制重组，重整旗鼓，二次创业时期，永定庄煤业公司党组织始终不改初衷，带领干部员工排除困难、开拓奋进，为企业发展提供政治引领和组织保障。

无论是在20世纪五六十年代开展忆苦思甜教育，八九十年代开展爱党爱矿教育，还是如今大力开展“创新、绿色、卓越、高效”企业精神和“五个一”“八统一”企业文化宣传教育，企业党组织始终不改初衷，发挥党建思想政治工作优势，教育引导广大员工解放思想、转变观念、顺应形势、参与改革，做到了思想不乱、精神不倒、队伍不散、作用不减。

这是晋能控股集团党组织70多年来发挥作用的一个缩影。她始终指引前进方向，发挥引领作用，提供组织保障，无论在何种形势下，将始终引领我们朝着远大理想，不忘初心，继续前进。

潞安矿区第一个党组织

2021 年 7 月注定是一个极不平凡的七月，中国共产党迎来了百岁生日。

岁月如歌，往事如烟。

100 年前的那个 7 月，中国共产党诞生了！劳苦大众从此有了翻身解放的希望，一场改变中国的大幕徐徐拉开。

100 年来，无数共产党人在崇高信念的指引下，披荆斩棘，用血与泪铺就了通往新中国的光辉大道。

据史料记载，石圪节煤矿是潞安矿区最早成立党组织的地方。从这里开始，中国共产党人点燃了潞安革命的星星之火。以石圪节煤矿党组织的建立为标志，石圪节煤矿及潞安矿区的煤矿工人运动进入了新的发展阶段。

宣传红色革命思想

1937 年抗日战争全面爆发，八路军 129 师在朱德总司令、彭德怀副总司令和刘伯承师长、邓小平政委的率领下，挺进华北前线，打击日本侵略者，提出了“坚持华北抗战，八路军与华北人民共存亡”的口号，宣传党的抗日主张、方针和政策，使之深入民心，极大地调动了当地人民包括石圪节矿工在内的抗日救国积极性。

“共产党来了，八路军来啦!”在石圪节矿区，矿工到处传播着129师的消息。在旧社会长期没有民主权利饱受苦难的煤矿工人兴奋地奔走相告。这是多么新鲜和激动人心的消息啊！矿山好似乎看到了光明的前景，煤矿井口旁的那棵歪脖子树也笑出了声。

石圪节原来的黑心矿主听说八路军来了，就让国民党部队的代表秦绍观赶快派部队前来保护。可是他们万万没想到的是，派来的这支穿着匪军军装、拥有阎锡山队伍编制的部队，早就有了共产党的地下组织。这个连的连长名叫董德，他是个铮铮铁骨的共产党员。

为传播革命的思想，播撒革命的星星之火，董德利用一切可以利用的机会宣传革命思想，经常跑到工友们住的破窑洞里和矿工拉家常，向他们传播革命思想。

一天晚上，董德问工人：“当个工人一月挣上八九块钱能养活几个人生活啊?”

大家说：“紧紧巴巴仅够吃!”

“穿衣戴帽怎么办？有了老婆孩子又怎么办呢?”

“……有什么办法呢！想多要，哪里来呢?”董德接着说：“我给资本家李金榜算了一笔账，一天使用上绞车、水泵、材料等等在内，满打满算顶多花上200块钱……”

“多不了哪里去”

“加上300来人的工资100来块钱，总共不到400块钱一天，就算400块钱吧！可是咱们工人一天最多要出100吨煤炭，按市价10块钱一吨来计算，资本家每天就可收入2000来块钱。这就是说工友们干上十成的活，资本家却要挣取八成，咱工人累死累活连两成也拿不上，这是什么道理？真正出力干活的工人连个正装衣服也穿不上，连个老婆孩子也养不起，连顿饱饭也吃不上，这是为什么?”

话不说不透，账不算不清，理不说不明。董德在给工人的算账中传播革命思想。

道理慢慢地懂了，眼睛也渐渐地亮了，煤矿工人的腰板也一天一天硬些了。董德的工友们开始觉悟起来并进行反抗了。矿主无缘无故地打人，不行！到时候不发工资，不行！提高定额，不行！面对面跟资本家、把头顶嘴的事越来越多了。

花钱请来的队伍不给矿上撑腰，反而和“窑黑子”一个心，那怎么能行？石圪节矿主李金榜不得已连夜派人给秦绍观送了一封信，并且随信带去500块钱“红利”，没过半个月董连长这一连人马“因公”调了防。

石圪节组建工人抗日救国会会旗

董德临走时，在西旺张聚兴家开了个送别座谈会。参加告别会的有张聚兴、高尽仁、李辛酉、栗东山、史老尧、牛章锁等。

一向不喝酒的董德，那天破天荒喝了两杯酒，端起杯对大家：“大伙千万要抱成一团，常言说孤树不成林，咱们工人不团结一心，干啥事都要吃亏，别的地方都成立了工人抗日救国会，大伙看咱们石圪节矿上是不是也应该组织一下，到县上和牺盟会挂上钩，找上面，让组织给出个主意。咱们工人有话一起说，有事一起干，同甘苦、共患难……”

“对，得成立个工救会，村上都成立了农会，镇压了地主。咱们也不能落后……”大家都表示拥护，接着老董又把工救会的性质、任务等交代清楚，把大伙儿心里都说亮堂啦，恨不得马上把工救会成立起来。

老董走后，工救会成立了，游击队开展工作了。

传播革命红色火种

这块土地是丰硕的、肥沃的，是我们的！为了这块土地，1938年春，八路军粉碎了日军的九路围攻。朱总司令在戎马倥偬、日理万机的战火中，对石圪节煤矿的工人运动十分关心，石圪节矿工同资本家斗争胜利的消息不断传到八路军总部。1938年6月下旬，朱总司令派康克清和政治部李主任带领工作组来到石圪节煤矿。

据中国妇女出版社出版的《康克清回忆录》记载："1938年春天，为了迅速打开太行山区的工作局面，我们每到一处，发现思想进步、政治上可靠的人，就尽快吸收他们入党，建立秘密的党组织。"

1938年，石圪节煤矿生产场景

"这年6月，我接受了一项去石圪节煤矿慰问煤矿工人的任务。石圪节是长治地区一个著名的煤矿，位于潞城县西北的黄沙岭，有上千工人。同各地煤矿一样，工人遭受惨重剥削，生活很苦。1937年底，在'改善生活、反对压迫''团结抗日'的口号下，他们举行了一次大罢工，历时几个月，取得了胜利。那里没有党的组织，罢工由几个工人进步分子带头搞起来，能取得胜利十分难得。他们请求八路军派人去帮助。朱老总对这事十分重视，要野战政治部尽快派人去表示慰问，了解情况，回来再作决定。野政研究后，决定派我带宣传干事、民运干事二人，代表八路军总部对石圪节煤矿工人表示慰问。”

“临行前，朱老总嘱咐说：‘工人阶级是我们党和八路军依靠的主要力量，由于中国的特殊情况，这十几年里我们总是在农村里，同工人阶级接触得不多。煤矿工人在工人阶级中生活最苦，也最富有革命斗争精神。他们这次罢工胜利给晋东南煤矿的工人运动树立了榜样，给工人运动史上增添了光荣的一页。要鼓舞帮助他们，告诉他们要适可而止，还要团结争取资本家一道抗日。’”

康克清早在井冈山就是出了名的赤卫队神枪女司令，一身戎装，英姿飒爽，在矿工交通员的带领下，和两名工作人员一行四人行进在前往石圪节煤矿的盘山道上。他们刚望见黄沙岭上西大井那高高的井架，伴随着机器的轰鸣，就传来了震天撼地的抗日歌声：

“工农兵学商，
一起来救亡，
拿起我们的铁锤刀枪，
走出厂矿、田庄、课堂
到前线去吧，
走上民族解放的战场！”

康克清一行刚到矿上，就受到手举红绿小旗的工救会员的夹道欢迎，工作会负责人称呼她首长，她摆摆手说：“别客气，喊我康同志就行了。”她没休息，就径直到矿井边和煤场上向正在干活的工友们问寒问暖。

当发现一些工人看到来了穿军装的人，都有些躲躲闪闪的怕“兵”思想，她便和颜悦色地解释道：“我们八路军就是土地革命时期打土豪分田地的红军，这个部队是咱穷人的队伍，我在江西万安县老家参加红军游击队前，是一个整日里挨打受骂的童养媳，是共产党和红军把我救出了苦海，我们今天也是来帮助矿工兄弟们闹抗日求解放的。”大部分工人和家属都明白了，八路军就是东渡黄河、出师华北打日本的子弟兵，大伙都扬眉吐气，奔走相告，而资本家和封建把头们却在账房里鬼头鬼脑窥探工人们的动静。

1960 年 2 月 26 日，康克清同志在给潞安矿务局党委的来信中也明确写道：“经我个人回忆，过去煤窑工人们的生活非常痛苦，敌人的监视非常严密，根据这样一个情况，我们就派了工作组住在煤窑那里，主要是对工人们进行教育和发展党的组织。”

午后，石圪节工会负责人李辛酉、栗东山等人通知工人代表们到煤矿救亡室里召开座谈会，康克清同志首先代表朱总司令等总部首长祝贺矿工们罢工斗争的胜利，工人们听了乐得直拍手，她大讲抗日救国的革命道理，启发工人阶级的政治觉悟，强调工人阶级是无产阶级革命的火车头。但康大姐也按照八路军总部和中共北方局的指示，强调了上级首长希望广大工救会会员们，在当前抗日民族统一战线中学会既联合又斗争的本领，尽量团结资本家参加到抗日阵营中来，鼓励煤矿主有钱出钱、有力出力，为保家救国做出贡献，这就必须把握有理、有利、有节的斗争策略，这是罢工斗争中至关重要的一着棋，在座的工人代表张聚兴、高尽仁等同志听了这段话，觉得又新鲜又重要，要求康大姐再重复讲几遍，都想牢牢地记在脑子里、用在行动上。康克清讲话后，矿工们纷纷发言：“这一下可明白了一个新道理，打鬼子的事儿也要争取资本家来参加。”工救会负责人李辛酉站起来说：“眼下最大的困难是工人不识字，而煤矿又在偏僻的黑山里，工救会缺乏有革命斗争经验的同志来领导。怎么对资本家又团结又斗争，这个政策分寸实在不好把握，请求八路军总部一定派人来矿上做指导。”康大姐又补充说：“主要还得靠你们领导骨干，依靠全矿工人兄弟，还可以去跟上党牺盟中心区取得联系，只要工友们同心协力团结战斗，就什么事儿都能办成办好！”康大姐发现门外有窑主派人监视，最后放低声音安慰道：“至于总部派人来矿上帮助工作的事儿，我们回去向组织上请示，尽力满足大家的要求。”这次座谈会开得十分热烈，一连开了五个多小时，工会领导人和会员代表们依然意犹未尽。

眼看夜幕降临了，康大姐又赶到沟沟岔岔里的矿工窑洞里，去慰问老弱病残工人。他们居住的洞穴简陋，十几个工人挤在一盘长条土炕上，摆在上面的是一些令人心寒的破被、破枕、烂席片，那些残废病人翻个身都很困难。他们每日只能喝几顿白薯干糊糊，偶尔吃上一顿高粱米，就算改善生活了。

下班回到窑洞里的工友们，发现来了八路军慰问团，又见为首的是一位英姿焕发的女兵，便纷纷围拢过来。他们打听抗战形势、日本人占了什么地方、八路军是谁领导的队伍、日本人会不会侵占到石圪节来、资本家会不会投降日本人等等，这一串串地发问，康大姐一一作了通俗易懂的解答，同时也征求工友们对形势的看法和态度。这次紧密联系抗战局势的自然讨论会开得十分活跃。

康克清一行，为石圪节矿山的革命事业播撒下了革命的火种。石圪节这块美丽而神奇的土地，不仅孕育了煤炭，更滋养了每名矿工刻进骨子里的勇敢坚强，流在血液里的敦实厚重。无论铁蹄蹂躏还是剥削，这块兼容并蓄的土地，都是最坚实的脊梁。它支撑着矿工站立行走，承载着工人的美好梦想，向着光明、向着远方。

成立红色党组织

“我志愿加入中国共产党”，这庄严的承诺，是信仰上的主动选择，是组织上的高度认同，也是石圪节矿工的毕生追求。

康克清一行回到总部，立即把慰问情况和矿上工运工作向朱德总司令和野战政治部首长做了详尽的汇报。首长们听了，都感到急需派民运工作队同志去加强对石圪节煤矿工人运动的帮助和领导，经过一番物色，在总部供给部找到一位原籍四川南部县的红军老八路，既是共产党员又当过煤矿工人，名叫杜长俊。经过中共北方局介绍，杜长俊和民运处干事章南、张金昌等深入石圪节煤矿筹备建立党组织的工作。去了不久，就打开了工运工作的新局面，发展了一批在工人抗日救亡运动中涌现出来的积极分子。在这几代矿工受尽折磨的漫漫长夜里，燃起了指引工人抗日运动的星星之火。

1937 年 9 月，中共潞城县工委派“牺盟会”工作人员李梦华同志到石圪节煤矿发展共产党员。经李梦华介绍，高尽仁第一个加入中国共产党。

1938 年夏天，中共潞城县委党组织在石圪节煤矿又发展了一批共产党员。经八路军总部第五行政区工作人员章南、张金昌、曹天越、杜长俊同志和潞城县委特派员李梦华同志介绍，张聚兴、史春田、栗东山三人加入中国共产党。从此，潞安矿区和石圪节煤矿有了第一个党小组，杜长俊同志任党小组组长，党员有高尽仁、张聚兴、史春田、栗东山。康克清同志、八路军总部政治部李文楷同志在潞安矿区、石圪节煤矿播下了第一批红色种子，点燃了煤矿工人抗日救国的红色火炬。

1938 年 9 月，中共潞城县委又在石圪节矿工中发展了第二批共产党员。据李辛酉等人回忆，第二批共产党员有李辛酉、王庚子、宋小旺、郭杞桐、柴子英、张秃孩和李发枝等人，并正式建立了石圪节煤矿党支部。

从此，石圪节煤矿建立了第一个中国共产党党支部——石圪节煤矿党支部，这也是潞安矿区第一个党支部。以石圪节煤矿党支部的建立为标志，石圪节煤矿及潞安矿区的煤矿工人抗日救亡运动进入了新的发展阶段。党组织的建立也为进一步开展工人运动树立了领导的旗帜和核心，为后期更加残酷的对敌斗争奠定了良好的思想基础。

一个新的革命火种在沉沉黑夜的矿山点燃。

一粒种子，发芽，破土，迅速成长着。

指导矿工大罢工

石圪节党组织的成立，像一盏明灯，为石圪节工人阶级指明了奋斗方向；像一簇火苗，燃起了煤矿创建党组织的燎原之势；像一粒种子，在煤矿生根发芽，历经磨难茁壮成长，对石圪节革命事业的发展产生了深远影响。

石圪节党组织成立后，在潞城县委领导和支持下，在广大矿工中开展广泛且深入的宣传教育活动，促进了石圪节矿工阶级觉悟的迅速提高，为后来的罢工斗争打下了坚实的思想基础。

6 月 23 日下午，石圪节煤矿历史上第一次有组织、有领导、有纲领的大罢工揭开了序幕。这一天，工救会在煤场上，召开了三百多人的工人大会。会上，工人向资本家提出了五个条件：把十二小时一班改为十小时一班；工人工资照数发给，不打任何折扣；保证米票换米足斗；把头不准打骂工人；工救会有代表工人之权，开除工人必须经过工救会同意。第二天上午，党组织派张聚兴、高尽仁来到矿经理办公室，向李金榜的全权代表姜玉亭提出了上述五个条件。姜玉亭不但不接受工人们的条件，反而狂妄地宣布："制度是开矿以来就有的，谁也不能改变！"谈判破裂了。

根据潞城县委指示，6 月 26 日早上发起了全矿总罢工。一时间，坑上坑下全部停产，煤场停止卖煤，石圪节煤矿自投产以来第一次"瘫痪"了。到中午，连买煤的老乡也聚集到煤场上来，参加了这场罢工斗争。矿工们选出栗东山、张聚兴、高尽仁作为代表，再次同姜玉亭谈判，但仍无结果。后来，在潞城县民主政府的支持下，罢工继续进行。最后迫使姜玉亭答应了工人们的五个条件，照发了罢工期间的工人工资。罢工斗争取得了彻底的胜利。

石圪节大罢工的胜利，使石圪节煤矿的工人运动和救亡工作不断深入，同时也推动了周围小河堡、五阳岭、东旺煤矿工人运动的蓬勃发展。1940 年初，农村一部分劳动力流向矿山，石圪节煤矿资本家乘灾难之机，又重新宣布了“工资新办法”，以便榨取工人血汗。2 月 29 日，石圪节工救会根据地下党组织的指示，召开了一次工人积极分子大会，提出了组织罢工方案，拟定了三个条件，由工人代表与资本家李金榜的全权代表姜玉亭谈判。姜玉亭一面口头答应可以考虑，一面暗中派人和日本驻长治的宪兵队联系来矿抓走了王庚子同志。王庚子同志被捕后，石圪节煤矿又全部停产，再一次举行了全矿大罢工。罢工坚持了半个多月，姜玉亭沉不住气了，传话说：“只要先复工，其他事情好商量。”矿工们知道这是在耍花招，毫不退让地指出：“不释放工人代表，不答应工人提出的条件，决不复工!”结果姜玉亭无可奈何，终于被迫答应了三个条件，并拿出三千元从日寇宪兵队保释出了王庚子同志。这次大罢工一直坚持了二十多天，是石圪节煤矿工人运动史上坚持时间最长的一次大罢工。

石圪节的这次罢工斗争，工人不仅要求改善生活待遇，而且提出了工救会有保护工人的权力。这些明确的斗争目标代表全矿工人的要求，最大限度地吸引了工人群众参与到斗争中来。最重要的是，斗争有了党组织的领导，避免了走这样或那样的弯路。这些都是斗争胜利的基本要素。

有党组织的作用发挥，有英勇的矿工，首战已经告捷，斗争的胜利还会远吗?

领导矿山解放

1945 年 8 月 15 日，日本政府宣布无条件投降。八路军越过长治城外堡垒线，进抵城郊，准备收复长治。同时，命令太行第四区地委副书记兼军分区副政委王谦负责解放石圪节。

1945 年，八路军收复石圪节煤矿后登上石圪节炮楼

根据各方情报，初步定于 8 月 17 日晚起义。但日军在准备撤退的同时，对矿区加强了警戒，不准陌生人出入，各个据点和石圪节煤矿之间 24 小时武装巡逻，一切反常的举措让大家心中不安。通过大量的情报工作，八路军得知日军在撤退前企图炸毁石圪节煤矿。

8 月 17 日夜，矿场内外一片寂静，人们都以急切的心情等待着起义时刻的到来。次日凌晨一时许，八路军主力部队一个前哨排到达

石圪节煤矿地下军起义胜利人员合影

西旺村，矿上特工带了一个班剪断电雷线后，王谦带领的主攻部队赶到。根据既定的暗号，特工带领的一个班和策反的矿警班急速向三角院冲去。刚到三角院门口，就与日军的留守部队相遇，短暂的战斗后，日军溃逃。煤矿工人按照特工的安排，将电机、电线拆卸下来，连同弹药和其他物资一起装在车上。到天色微明时，石圪节煤矿才回到了人民的手中。

1945 年 8 月 20 日，《新华日报》头版以《挺进长治我军收复石圪节重要煤矿》为题做了报道：“本报前方 18 日电：长治北之敌重要据点石圪节煤矿，昨晚已为我军收复。该矿为上党有名之煤矿，产量甚大，为供给上党地区燃料之重要来源，敌人占领长治后，对该矿极为重视，警戒极严。此次我军围困长治后，即以主力一部，于昨晚一举将该矿攻克，俘伪军 40 余人，击毙日军 3 名，缴获轻机枪 3 挺，步枪 70 余支，电台 1 部，战马 7 匹，其他资材极多。此役，我军仅负伤 6 名。”

时隔多年后，侥幸逃脱的驻石圪节煤矿日军军官宫松在其回忆录中还对当时的战斗胆战心惊，说那是一场没有任何心理准备的惊魂战。石圪节煤矿“8·18”起义，为中国共产党抗日史书写了不朽的一笔，也正是从那一天起，石圪节告别了苦难的历史，在血与火中获得新生。

大海航行靠舵手，万物生长靠太阳。因为有了太阳的普照，世界才显得风光明媚，生机盎然。因为有了共产党的领导，石圪节才取得了矿山的解放！矿工才迸发出前所未有的力量！

石圪节煤矿展现新形象

重温淮南煤矿史　砥砺奋进谱新篇

20 世纪初期，中国正处在半殖民地半封建社会，经济命脉基本上操控在外国列强手中，煤炭市场大多数被外国资本控制和垄断，民族煤炭企业在外国列强的挤压下十分艰难地维持着生存。

停靠在中国港口的外国运煤船

为了抵制外煤输入，发展民族工业，南京国民政府提出了“战时经济统制”政策，核心是逐步确立国家资本的主导地位，统制重点集中在交通业、工矿业、工商业和金融业等。作为国民政府的经济管理机构，建设委员会从接管旧有企业和新办国营企业两个方面，致力于国家资本的扩张，把投资经营的方向放在煤矿和发电厂。

1928 年 2 月，国民政府建设委员会委员长张静江委派专家到华东各省份调查煤炭资源情况，发现安徽省怀远县西南乡舜耕山一带煤炭储量大、煤质优、灰分少，并且舜耕山下大通煤矿已开办多年，积累了一定的开矿技术和经验。1929 年初，建设委员会重新向农矿部申领执照，开采皖北怀远县煤田，定名为淮南煤矿。

1930 年 3 月，国民政府建设委员会淮南煤矿局成立，地址设在九龙岗，同时颁布了《淮南煤矿局章程》。1933 年 8 月，建设委员会领取了南京国民政府实业部颁发的怀远县西南乡舜耕山九龙岗、洞山、长山、上窑镇新城口四矿区采矿执照，总面积达 226932 亩。

淮南煤矿局办公楼

1930 年 4 月 14 日，淮南煤矿局九龙岗东矿一、二号井破土动工；5 月 14 日，西矿三、四号井动工开挖。九龙岗矿与大通矿同属舜耕山煤田，总储量约 3100 多万吨。由于煤炭赋存条件良好，动工开挖不到50米，东西两矿就发现优质煤层，日产煤炭达110吨。

为了进一步扩大煤炭生产能力，从1931年起，九龙岗东西两矿相继开采－50米、－100米、－180米各水平煤层，年增产煤炭达34000多吨。1932年12月，淮南煤矿局在洞山现在的淮南职业技术学院院内开掘一对立井，并修建了一条从洞山至大通矿的运煤小铁路。这时的九龙岗东西两矿已初具现代矿井的规模，地面有自备的发电厂、锅炉房、木质钢轮井架、汽绞车提升、电机车运输等，井下则使用了风镐采煤、安全灯照明、水泵抽排水等。1936年，淮南煤矿局煤炭年产量达50多万吨，占安徽省当年煤炭年产量的61.2%。

淮南煤矿局九龙岗西矿

为了解决煤炭运输问题，从1930年9月起，淮南煤矿局先后修筑了九龙岗东西两矿之间、九龙岗经大通至田家庵区间的小铁路，九龙岗至洛河镇的矿洛汽运公路、矿洛窄轨铁路、洛河堆煤场及码头。

1932年1月，淮南煤矿局生产的煤炭通过铁路、水运通道运往长江流域。

从1931年开始，淮南煤矿局实施由近及远、沿江布点的市场销售网点建设，在淮南本土、蚌埠、浦口、南京、无锡、上海、汉口等地设立煤厂或销售处，同时与华商大通煤矿公司联合经营淮涡流域的煤炭销售，使淮南煤炭在华东及华南地区保持稳定的市场占有率。

1937 年 4 月 5 日，国民党中央政治委员会第 39 次会议决定，将淮南煤矿及铁路二局改组为淮南矿路股份有限公司。4 月 9 日，建设委员会拟出招股办法，淮南矿路公司资本定为 1000 万元，分为 10 万股，建设委员会保留 2 万股，宋子文控制的中国建设银公司代为招募 8 万股，所有认股者即成为淮南矿路公司的发起人。

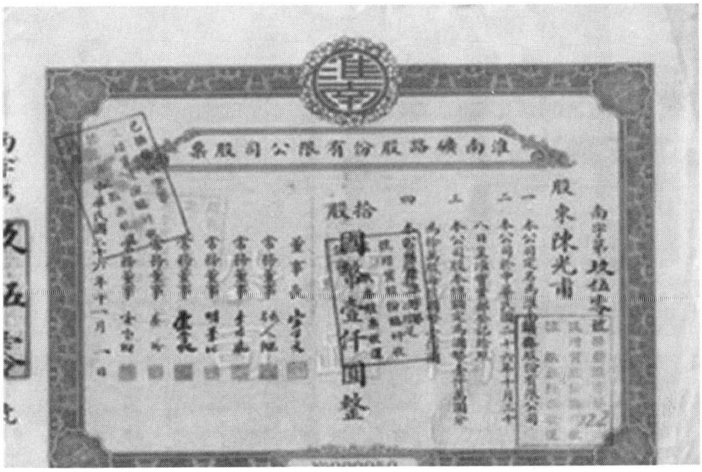

淮南矿路股份有限公司股票

1937 年 5 月 14 日，淮南矿路公司发起人会议在上海中国建设银公司会议室举行，决定发起成立淮南矿路股份有限公司，宋子文当选公司董事长，张静江、杜月笙等人当选董事。1937 年 7 月 1 日，淮南矿路股份有限公司挂牌成立，总部设在上海，下设淮南煤矿局和淮南铁路局。至此，淮南矿路事业改变了国有性质，被宋子文官僚资本集团牢牢控制在手中，官办淮南煤矿局退出历史舞台。

从1930年创立到1937年终结，淮南煤矿局奠定了淮南资源型城市的基础模式，加快了安徽近代工业文明的进程，也为安徽与长三角地区经济融合发展打下了坚实的基础。

中国矿业大学百十载历程与中国煤炭高等教育的发展

中国矿业大学因煤而生，因煤而兴，从诞生之日起，便与祖国煤炭工业同呼吸、共命运，其诞生开中国煤炭高等教育之先河，其壮大撑中国煤炭科教事业之大局。中国矿业大学的发展史，是浓缩的中国煤炭高等教育史，也是与中国工业化进程同步发展，与人民共和国同向同行，与区域经济发展同频共振的历史。

中国煤炭高等教育的源头

中国矿业大学前身——焦作路矿学堂于 1909 年（清宣统元年）3 月创立，是近代中国第一所矿业高等学府，也是第一所私立工科高等学校，被公认为是中国煤炭高等教育的源头。

焦作路矿学堂的创立最早可追溯至 19 世纪末清政府的洋务运动。作为世界上最早开采和利用煤炭的国家之一，现代意义上的煤炭工业在中国起步甚晚，直到 1876 年，清朝政府才兴建了第一座近代意义上的矿井——基隆煤矿。至 1895 年，全国虽已兴办现代煤矿 10 余处，但开采技术完全掌握在外国人手中，殖民者利用强权和技术垄断，大肆掠夺中国的路、矿资源，人才与技术空白成为中国煤炭工业

焦作路矿学堂

起步阶段最难逾越的障碍。1898 年 5 月，晚清三大洋务派代表人物之一的张之洞发表了《劝学篇》，在“矿学”一篇中描述了当时国内采矿技术的落后和专业人才的匮乏，并在文中提出了解决之道——“即于局内设矿学堂，矿成获利以后，我之学生及委员、工匠皆已学成。此藉矿山为矿学堂之法也。”此建议是非常富有远见的。

焦作工学院大门

1898 年 6 月，清政府与英国福公司在北京总理衙门签订了《河南矿务章程》，其中第 13 条规定："福公司于各矿开办之始，即于矿山就近开设矿务、铁路学堂。"后经地方官绅反复争取，1909 年，焦作路矿学堂终于诞生。

从路矿学堂创立到新中国成立，学校经历了河南福中矿务学校、福中矿务专门学校、福中矿务大学、私立焦作工学院、西北工学院等多个办学时期，虽然在积贫积弱、内忧外患的旧中国，学校处境维艰，甚至一度停办，但老一代矿大人实业救国、科技兴煤的理想从未动摇过，特别是进入 20 世纪 30 年代后，张仲鲁、张清涟先后主政焦作工学院，并得到了翁文灏、孙越崎等人的鼎力支持，一大批社会贤达先后担任焦作工学院校董，多名河南省主席先后亲任校董会主席，著名教育家蔡元培担任名誉校董并为学校题词"好学力行"。在这些有识之士的大力支持下，学校办学条件得到了很大改善，实力与日俱增，汇聚了一批知名教授和矿业专家。当时从院长到教授，多有留美经历和工程实践经验，学校教学体系也以美国大学为蓝本，多采用外文原版教材授课。到 30 年代中期，学校名声日振，办学进入鼎盛时期。此后，抗战时期被迫西迁，在常务董事孙越崎的领导下，学校较为完整地保留了人员建制和设备仪器，在陕西城固与国立北洋大学工学院、北平大学工学院、东北大学工学院合并组成西北工学院，汇聚了当时国内的工学精英。西北工学院与抗战时期西南联大南北齐名、理工互补，堪称中国现代高等教育史上璀璨的双子星座。

纵观新中国成立前 40 年的发展历程，学校开启了中国煤炭高等教育的先河，也为中国煤炭工业艰难的肇始阶段播下了极其宝贵的火种。据不完全统计，1909—1949 年学校共培养采矿、冶金、土木、机械类专门人才 460 多名，其中许多人成为国内外知名专家学者，如著名材料及冶金学家、中国科学院和中国工程院院士师昌绪，著名材料及冶金学家、中国工程院院士傅恒志，著名材料与金属物理学家、中国工程院院士李恒德，著名物理冶金学家、中国工程院院士张沛霖，著名电机工程学家、中国科学院院士高景德，著名机械工程专家、中国工程院院士陈秉聪，著名探矿工程专家、中国工程院院士刘广志，等等。据统计，到1942年，中国煤炭年产量达到了6568万吨，这与早期焦作工学院校友的贡献是分不开的，学校为国家煤炭工业的现代化转型培养了急需的本土化优秀科技人才。

中国煤炭高等教育的一流品牌

新中国成立后，以焦作工学院为基础，创建了中国矿业学院。1949—1999年，经过半个世纪的发展壮大，学校成为中国煤炭高等教育领域的龙头。1951年，在中国矿业学院的成立大会上，燃料工业部部长陈郁说："中国有这样的矿业学院，确实是中国历史上的第一次。矿业学院的成立，反映了中国矿业发展的光明前途。"1984，煤炭工业部部长高扬文莅临学校视察，指出："中国矿院是中国煤炭教育战线的龙头，龙头摆得好，煤炭教育就发展得快，人才就出得多，煤炭工业的基础就牢固，风吹不倒，雨淋不垮！"两任部长的评价正是对中国矿业大学在煤炭科教领域地位准确而生动的描述。

一、新中国第一所矿业高等学府

早在1949年4月，解放战争的硝烟尚未散去，人民政府就派员赴苏州接收了颠沛流离中的焦作工学院。新中国成立后，学校划归燃料工业部领导，为响应毛泽东主席提出的"开发矿业"的号召，适应国家工业化建设对人才与科技的迫切需求，国家决定以焦作工学院为基础筹建中国矿业学院，并从焦作迁址天津，任命燃料工业部部长陈郁兼任中国矿业学院院长。1952年是学校发展史上非常重要的一个年份，学校迎来了两次重大的发展机遇。首先是中央燃料工业部决定学校迁京办学。6 月 15 日，中央批准学校在北京建校。1953 年，学校完成了京、津合校，并更名为北京矿业学院。其次，在全国院系大调整中汇聚新的力量。1952 年 8 月，教育部做出《关于采矿系调整的指示》，按指示要求，清华大学、天津大学、唐山铁道学院的采矿科系师生并入中国矿业学院，一大批知名学者来校任教，学校汇聚了当时中国煤炭高教领域最优秀的师资。完成迁址北京和院系调整后，学校的办学规模不断扩大，师资力量大大增强，发展定位更加明晰，为 20 世纪 50 年代进入北京"八大学院"时期的辉煌奠定了基础。同时，新中国矿业高等教育的格局基本确立，作为其中最为重要的一支力量，学校肩负起了振兴新中国煤炭科教事业的伟大历史使命。

北京矿业学院

20 世纪 50 年代初，北京矿业学院仿照苏联模式，面向行业进行教育教学改革，逐渐成长为新中国煤炭科技人才的摇篮。1953 年，学校在行业内率先培养研究生。1954 年，学校最早开始招收外国留学生。1955 年，学校开办了煤炭行业内最早的夜大学和函授教育，承担了煤炭工业部在职干部的业余培训工作，并接受国内众多高校相关专业教师和有关厂矿企业人员前来学习进修。1958 年，中国煤炭高校由当时北京矿业学院、合肥矿业学院 2 所迅速增加到 10 余所，这些学校创立之初很大程度上都依托于北京矿业学院。

二、改革开放中走向中兴

1978 年，中共十一届三中全会召开，中国科教事业迎来了改革开放的春天。徐州建校、管理体制改革和“211 工程”建设，成为改革开放时期前 20 年学校发展壮大并走向中兴的“三部曲”。

建校徐州，迈出了走向中兴的第一步。“文化大革命”后期，学校迁往四川重庆华蓥山建校，学校发展遭受了重大挫折。“文化大革命”结束后，在党中央和邓小平同志等国家领导人的亲切关怀下，学校迁往中国煤炭重工业基地——徐州。1979 年，徐州校本部破土动工，并在北京留守处的基础上组建了中国矿业大学北京研究生部，作为二级单位隶属徐州校本部。1984 年 12 月 22 日，学校举行了盛大的竣工典礼。

推进管理体制改革，成为煤炭高等教育改革的先锋。从 20 世纪 80 年代中期到 90 年代中期，中国矿业大学积极适应从计划经济向市场经济的转型，在煤炭工业部的领导下，管理体制改革全面展开，改革成为这一阶段学校工作的中心。1989 年，中国矿业大学董事会成立，开启了学校产学研合作新模式。实行校办企业改制，校、院、系三级管理改革，“四条线”财务管理改革等。这些改革为学校进入新世纪之后的跨越式发展提供了制度保障。

成为唯一跻身“211 工程”建设的煤炭院校。1994 年 11 月，中国矿业大学成为全国进入“211 工程”重点建设的首批高校之一。尽管煤炭生产处于困难时期，煤炭工业部党组还是决定要坚定不移地支持中国矿业大学，通过“211 工程”把中国矿业大学建成世界一流的

中国矿业大学董事会成立大会

矿业大学。因此，学校作为煤炭院校中唯一跻身“211 工程”建设的高校，既代表了我国煤炭科教领域的最高水平，也肩负了全煤系统在行业低谷时期以科教引领行业振兴的期望。

1949—1999 年的 50 年中，学校取得了一系列令人瞩目的成就，成为中国煤炭高教领域当之无愧的龙头。据统计，50 年里，学校共培养研究生 3441 人、本科生 30048 人，分别占全国煤炭高校培养总数的 22.7%、63.3%。“文化大革命”前，学校完成了包括精选高炉石墨、中国第一台刨煤机、重介质选煤和水力旋流器等一批在当时产生较大影响的科研成果。直到 1993 年，中国矿业大学一直为全国煤炭高校中唯一的博士点授权单位。1982 年，发现建立了腕足动物的一个新超科——二叠贝超科（当时腕足动物 72 个超科中只有 2 个是由中国人建立的）。1986 年，经“六五”科技攻关，“水煤浆制备技术”达到了国际先进水平。1993 年，学校专利申请数位列清华大学、浙江大学之后，居全国高校第三名。1994 年，陈清如教授主持建设了世界上第一座干法选煤厂。同年，中国第一台采掘机器人在校内研制成功，标志着中国煤矿机器人的研究步入世界先进行列。1996 年，余力教授主持的煤炭地下气化完成了工业化试验，建立了中国第一个工业性地下气化基地。江泽民总书记对此项目进行批示："中国矿业大学煤炭地下气化试验从煤炭资源的充分利用及经济效益来讲，值得进一步研究。"著名科学家钱学森盛赞这一课题是"矿业与化学工业的结合"。

聚力创建能源资源特色世界一流大学

特色与品牌是学校发展的重要法宝。从 20 世纪 90 年代中后期开始，中国高等教育管理体制发生了深刻变革，包括煤炭院校在内的行业办学模式也受到了严峻挑战，全国十几所煤炭高校先后划归地方管理，并纷纷更改校名，调整办学定位，但中国矿业大学坚持办学定位不动摇，继续高擎矿业大旗，同时积极向新能源领域拓展，成为新时期中国能源科技领域的一面旗帜。2009 年百年校庆后，面对能源革

中国矿业大学南湖校区

命新形势和高等教育新格局，学校高举“矿业”旗帜，聚焦“特色鲜明”“世界一流”的奋斗蓝图，奋力开启创建能源资源特色世界一流大学新征程。

一、立足行业，彰显特色，学科整体实力不断增强

中国矿业大学作为当今全国唯一以矿业命名的特色鲜明高水平大学，在上级主管部门、煤炭能源行业和社会各界的支持下，通过长期发展和建设，已经形成了以工科为主、以矿业为特色，理、工、文、管等多学科协调发展的学科专业体系和多科性大学的基本格局。在煤炭能源的勘探、开发、利用，资源、环境和生产相关的矿建、安全、测绘、机械、信息技术、生态恢复、管理工程等领域形成了优势品牌和鲜明特色。

学校大力实施“三大高峰、四大高地”学科提升工程。2006 年底，成为“985 工程”“优势学科创新平台项目”首批试点的 5 所高校之一，2017 年，在第四轮学科评估中，2 个学科进入 A^+，2 个学科进入 A^-。同年，学校成为“双一流”学科建设高校。这标志着学校在保障国家能源安全和能源工业可持续发展方面具有不可替代的重要战略地位。2021 年，学校有 8 个学科进入 ESI 前 1%；有 1 个一级学科国家重点学科，8 个二级学科国家重点学科，1 个国家重点（培育）学科；6 个学科入选江苏高校优势学科，6 个学科入选江苏省重点学科。

二、立足国内，放眼全球，致力于培养高素质人才

学校始终坚持以育人为本，致力于培养德智体全面发展、富有社会责任感、创新精神和实践能力的高素质人才。建校以来，先后为国家和社会输送了 34 万余名毕业生，他们当中许多人已成长为国家现代化建设及行业发展的科技精英、管理骨干和领军人物。2002 年以

来，学校先后获8项国家级教学成果奖，拥有3个国家级实验教学示范中心、2个国家仿真模拟实验教学中心和1个国家级人才培养模式创新试验区。学生在“挑战杯”“创青春”等赛事上连获大奖。大学生就业率保持在98%以上，本科生出国升学率增至38%。学校获评全国就业先进工作单位，入选首批全国高校实践育人创新创业基地、全国创新创业典型经验高校。

学校积极开展国际交流与合作，不断推进国际化办学，与近百所国外高校建立了合作伙伴关系。联合20多所国外大学发起成立了“国际矿业、能源与环境高等教育联盟”，并升级成为“一带一路”国际合作交流平台。加入了联合国教科文组织“国际矿业工程教育能力中心”，并成为该中心旗舰高校。在巴基斯坦和厄瓜多尔合作共建了“中巴矿物资源英才中心”和“中厄矿业学院”。在澳大利亚格里菲斯大学创办了“旅游孔子学院”。获全国首批“高层次国际化人才培养创新实践基地”。

三、面向未来，开拓创新，社会服务成效不断显现

学校围绕人才培养的核心任务和国家及行业的战略需求，不断提升科技创新能力，取得了一大批高水平科技成果。“十二五”以来，共承担包括国家“863计划”“973计划”、国家科技重大专项等国家级科研项目1627项，省部级科研项目973项；获国家级科技奖励46项，位居全国高校前列；获省部级科技奖励361项；授权国内专利9925件，授权境外发明专利698件。学校研究与发展经费快速增长，年均到账科研经费超过5亿元。建设了完备的高水平科技创新平台，拥有国家级科研平台5个、省部级科研平台37个，建成国家大学科技园1个，入选首批“国家知识产权示范高校”。

学校积极发挥自身优势，服务行业人才培养、科技进步及地方经济社会发展，推进产学研协同创新。学校以校董事会为平台大力推进社会服务，校董事会成员单位发展到 152 家，全面合作单位达到 109 家，与 1 个省级人民政府、12 个地市级人民政府建立了全面合作关系，与 14 家国有大型企业共建了研究机构，承担了全国万名煤矿总工程师安全培训等任务。深度参与地方经济社会发展与生态治理，与 8 个城市建立全面合作关系，牵头发布《潘安湖宣言》，为全国资源枯竭型城市转型发展提供了矿大方案。助推徐州从“一城煤灰半城土”向“一城青山半城湖”华丽转身，潘安湖生态修复项目得到习近平总书记的高度评价。

112 年来，中国矿业大学引领中国煤炭高等教育，走出了一条特色鲜明的高水平大学成功之路。先后培养出包括 20 多位两院院士、30 多位共和国的部长省长、70 多位高校领导、几百位大型企业负责人、几万名优秀科技骨干在内的 34 万余名海内外学子，取得了一大批具有开创性、影响深远的科技硕果，孕育出一大批站在行业发展最前沿的科技领军人才。面向未来，中国矿业大学将扎根中国大地，建设能源资源特色世界一流大学，为国家能源事业发展和建设社会主义现代化强国做出新的更大贡献。

百年煤矿话百年

下篇　红色矿工跟党走

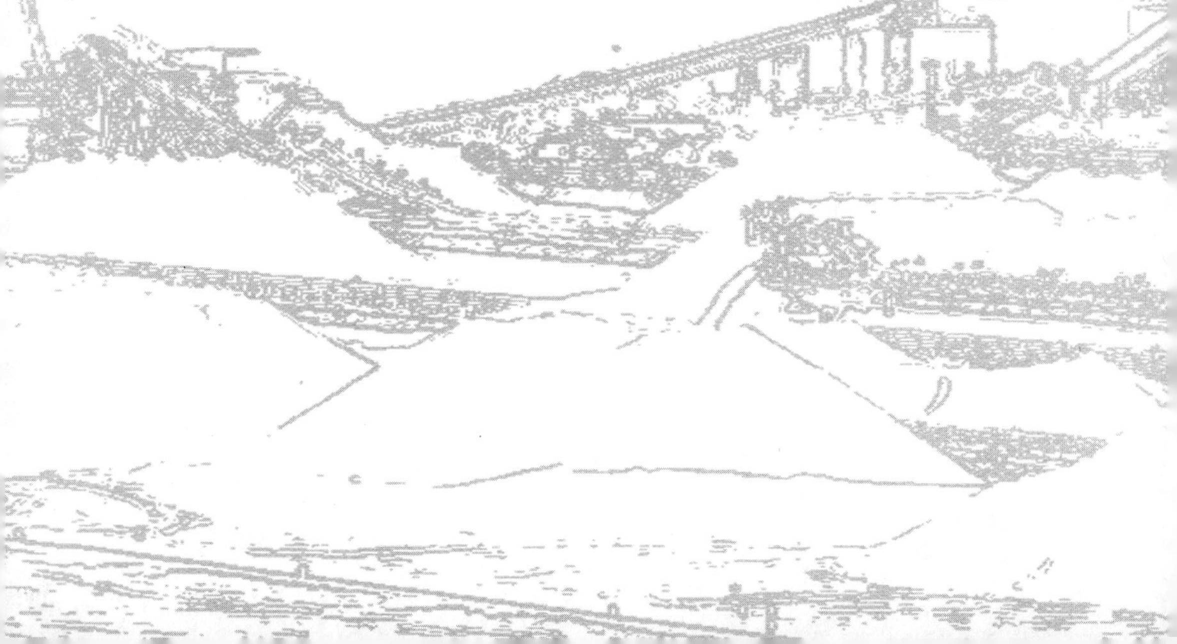

抗日英雄节振国

节振国于 1910 年 10 月 9 日出生在河北山东交界的刘堂村，家境贫苦。在节振国 10 岁那年，天灾人祸不断，全家难以维持生活，便背井离乡，千里逃难到河北唐山，投奔在开滦赵各庄矿做工的三叔节廷吉。从此，节振国便与开滦赵各庄矿连在一起，留下了一个又一个惊心动魄、可歌可泣的传奇故事，成为令人景仰的抗日英雄。

刻苦练武长本领

节振国从小就喜欢听书，每逢刘堂大集，他都到集上听说书艺人说书。他最爱听的是《水浒传》，最喜欢那些打抱不平、行侠仗义的英雄。鲁智深拳打镇关西、武松醉打蒋门神等英雄故事深深刻在他的脑海里。他也立志成为一个打抱不平、为人间除害的英雄。

为了成为像鲁智深那样武艺高强的英雄，节振国从小就喜欢习武。他的武术启蒙老师是韩家哨村的韩清风，其后又师从于蒋士彬兄弟。他的拳术学于神拳汪海。汪海是赵各庄矿俱乐部的武术教练，拳术精湛，在赵各庄矿俱乐部武场设擂一个月没有对手。节振国拜师汪海后，刻苦练武，把站桩和步法练得非常扎实，为他以后学习兵器、搏击打下了坚实基础。之后又遇到三位武林高手，使他的武功突飞猛进。

节振国（右五）习武时和师父、师兄弟的合影

第一位武林高手是河北大枪王李清。一天，节振国下班回家，走到俱乐部门前的大空场时，看见一个中年汉子正在舞动一杆长枪，上下翻飞，令人眼花缭乱，此人正是河北大枪王李清。节振国上前与之比试，败下阵来。李清一一点出节振国的不足之处，节振国当即拜李清为师，学习枪法，武艺更上一层楼。

第二位武林高手是草上飞杜敏。杜敏以为商行店铺送水为生。有一天，杜敏为三叔店中送水，节振国发现水桶是双层的，怀疑杜敏骗人，于是要求替他挑一担水。没想到担起水桶才走了十几步就走不动了，原来杜敏为了练飞毛腿，在水桶底层装上了铁砂。节振国便拜杜敏为师，苦练轻功。一个冬春下来，节振国功力倍增，越墙攀壁如履平地。

第三位武林高手是白云道长。白云道长原为行伍出身，曾是宋哲元手下大刀队的一名军官。喜峰口长城抗战中，他浴血奋战，手持大刀接连砍翻 20 多个鬼子，后来隐居于关帝庙。4 月 18 日是关帝庙会，关帝庙前人山人海，赵各庄矿俱乐部也在这里搭台唱戏，节振国饰演关羽的马童。忽然，台下秩序大乱，原来是惯匪孙成章等四人拦路收钱，吓得游人香客四处乱跑。血气方刚的节振国从戏台上跳下来和他们理论，可是惯匪孙成章等四人上前便打。节振国好汉不敌四手，渐渐落了下风。关键时刻，白云道长迅速出手，制服了四人，救了节振国。白云道长赞赏节振国的侠义精神，便收他为徒弟，主要传授刀术和搏击之法。几年下来，经道长指点和自己刻苦练功，节振国武功日趋成熟，与人交手中，七八个人不能近身，成为长山脚下武林之中不可小觑的英雄。

共产党引领走上革命道路

唐山是中国共产党在华北的重要中心，李大钊、赵世炎、吴德、邓中夏、李运昌等都曾来矿山指导工作，宣传革命思想，对推动革命斗争的发展起到了重要作用。

引导节振国走上革命道路的有三位共产党员，他们是王克如、周文彬和胡志发。

第一位启发节振国觉醒的是王克如。王克如是中共地下党赵各庄党支部书记，他的公开身份是教师，在赵各庄“齐鲁教育馆”教书。他经常到俱乐部看节振国他们练武，空闲时间就讲几段历史故事，深受武友们的欢迎。这天王克如又来到练武场，等武友们练完功休息时，王克如先给大家讲了一段岳飞大战金兀术的故事，大家听得非常解气。然后，王克如又拿起粉笔，在地上画了一个弯着腰的工人，背上横着一根木棍，木棍上一头站着一个日本人，另一头站着一个英国人。顿时，大家就明白了，只有推倒压在工人身上的侵略者，才能挺起腰板，过上好日子。节振国在王克如的启蒙下，抗日杀鬼子成为他奋斗的目标。

周文彬是第二位启发节振国的人。周文彬是朝鲜人，名叫金成镐，周文彬是他的中国名字。周文彬 7 岁那年随父亲来到中国，1926

年加入中国共产党，1936 年上级党委派他来唐山开展工作，担任唐山市委书记，主要负责开滦工运的组织工作。他以修理收音机钟表为掩护，往来于东三矿和唐山之间。有一次，节振国来到周文彬的修理店，随意聊了起来。周文彬让节振国买块表，节振国说矿上发的工资连养活自己都费劲，哪有钱买表啊。周文彬叹口气说："矿工挖出的煤炭都让日本人运走了。"接着，他顺手将一个核桃放到桌子上，对节振国说："这个核桃好比日本人的脑袋，他欺侮你们，你们怎么办？"节振国和工友田小八异口同声地说："砸碎它！"周文彬拿起修表用的小锤一下子将核桃砸碎，说："日本人想消灭我们，我们只有打败他们，赶走日本人！"在周文彬的激励下，节振国胸中那爱国抗日的热情与日俱增。

带领节振国正面接触地下党的是胡志发。他是中共地下党东三矿区委书记，公开身份是井下工人。在大罢工前，地下党组织工人骨干开会，胡志发带着节振国参加了会议。会上，周文彬给大家讲了当前的形势和眼下应该做的工作。这是节振国第一次参加中共地下党组织的秘密会议。他听到了许多以前不知道的事情，弄懂了许多想不通的道理。他的脑际一下子从只有井下，只有武场，只有家，只有赵各庄这个狭小的范围扩展开来。他知道了眼下日本人为什么在开滦驻有重兵，是要用开滦的煤去支援军需，要在华北实现第二个满洲国。也让他明白了一个重要道理，要赶走日本人，就要将工人团结起来。

在三位地下共产党员的引导下，节振国的胸怀宽广了，不再只是做工挣钱养家糊口，而是有了坚定的信念。虽然眼下华北是沦陷区，被日寇占领，是汉奸政权，英国人又乘机发中国国难财，但中国不会灭亡，中国共产党在领导抗战，中国必胜！日本必败！他有了自己的理想，要为赶走日寇而献身。

大罢工中显英豪

开滦工人受着日本人和英国人双重的压迫和盘剥，他们为了自己的利益，完全不顾工人的死活。1938 年，开滦工人的工资月平均只有 4 元 2 角 7 分，比 1935 年降低了百分之二十八，而英国人当年的利润却增加了百分之一点四。英国人将钱拿走，日本人将煤拉走，却将贫困苦难和死亡留给了工人。

1938 年 3 月，英国资本家在赵各庄矿实行“井下记工制”，致使工人从下井到收工，要经过七道手续才能记上一个工，工人要在井下多干两个多小时。处于苦难之中、劳累至极的工人们愤怒了。中共河北省委指示唐山工委，抓住工人的迫切要求，由经济斗争引到政治斗争，引导开滦工人举行大罢工。3 月 22 日，在中共唐山工委的领导下，从赵各庄矿开始，开滦煤矿爆发了声势浩大的罢工运动。

赵各庄矿五道巷工人率先罢工，各巷道纷纷响应。两点班的工人也来到矿内，不再下井。工人们手持镐把、斧子，分别把住矿门口、井口、绞车房等重要部位。全矿工人大罢工开始了。工人们包围了矿方公事房，提出了罢工条件：立刻取消牌子房，每天工资增加 1 角 2 分，不许开除一个工人。矿司陈甲三推诿哄骗不成，便下令矿警弹压。节振国率领工人奋勇抵抗，并砸毁了工人最痛恨的查工处。当晚召开工人大会，选出蒋振元、刘青山为总代表，选出胡志发、节廷秀、王家义、刘春喜、节振国、缪福春等 8 人为代表，组成罢工委员会。节振国当选为纠察队大队长，率 1000 名纠察队员负责维持矿山秩序。节振国表示：“我担任大队长，要做好三件事：第一，保护罢工委员会和厂矿机器设备，不叫奸细破坏；第二，坚决执行罢工委员会的命令，不准任何人私自进厂上班；第三，防止内奸从咱们内部破坏罢工运动，如果有叛徒，我就坚决除掉他。”在节振国的带领下，纠察队员手拿斧头和镐把站岗放哨，赵各庄矿被罢工工人控制了。

为了对付罢工，矿方施展分化毒计。为了打击矿方对罢工的破坏，节振国把资本家送到自己家的两袋面扛到罢工委员会，用来救济最困难的工人。罢工坚持20多天后，节振国向罢工委员会提出分掉东煤场存煤换粮食的建议。4月15日晚，数千名工人和家属聚集在东煤场装煤，节振国率纠察队在周围警戒。矿警见纠察队严阵以待，不敢上前制止。抢煤场斗争的胜利，为坚持罢工斗争提供了物质保证，终于迫使资本家接受了工人提出的大部分条件，取得了大罢工的胜利。

这次大罢工打乱了日寇将开滦作为“战地后方”的能源基地、为其提供军需用煤的战略部署，具有延缓日军南侵速度、支援其他抗日战场的重要意义。

刀劈鬼子兵

1938年3月的开滦工人大罢工取得了胜利，赵各庄矿工人在5月5日复工。5天后，英日勾结，疯狂抓捕罢工领袖。5月9日，赵各庄矿罢工领袖王家义被捕。10日，又传出抓捕蒋振元、节廷秀、节振国的风声。11日，蒋振元与节廷秀和节振国约定先到东无水庄杨姓朋友家中避避风。当3人走到西无水庄时，田小八赶了过来，对节振国说：“工人复工5天了，咱们矿工的工资还未补发，家家都饿得撑不下去了，有十几个工友都在武馆那儿等你，想找陈矿司要工资去。”蒋振元劝节振国先避避风，但节振国说要工资要紧，必须去。于是，节振国同田小八回到武馆，带领大家找陈矿司要工资去了。通过交涉，陈矿司答应两天内补发工资。而蒋振元和节廷秀避风到东无水庄，却被边保长发现后告密，结果他们当夜被日寇抓去杀害了，节振国因为带着大家去讨要工资而躲过一劫。

就在这一天的清晨，古冶宪兵队队长高野带队将节振国家包围，将胡同两头卡死，在门前架起一挺机枪。高野带着几个日本士兵闯进东屋，先将节振国的哥哥节振德抓住，绑到堂屋之中，一阵毒打拷问之后，才知道不是节振国。于是又到西屋抓人，而西屋已经空无一人。节振国妻子刘玉兰和她的二女儿节凤兰藏到西厢房的柴草垛里，被日寇搜出并进行毒打，打得刘玉兰头破血流，右臂致残。这时，日寇抓捕节振国的消息已传遍矿山，节振国的武友、伙友们都在焦急地寻找他，要让他赶快逃走。田小八在去医院途中找到了节振国，急迫地对他说："二哥，可找到你了，你快逃吧，越远越好，你家已被日寇包围，他们正在抓捕你！"节振国说："不，我一定要回家看看，死也要和家人死在一起！"

当节振国出现在刀枪林立的家门口时，人们都愣住了。

"你是谁?"

"节振国！"

"现在皇军在你家搜枪，快把枪交出来！"翻译说出搜查和要抓捕他的理由。

"枪在里屋，我去找！"节振国直奔里屋找枪，可是进到里屋，打开炕箱，却发现手枪不见了。原来是节振国的母亲听到动静后把手枪藏在了小孙子节凤生的小被子中，乘乱离开了。节振国情急之中，抓起放在柜上的菜刀，冲出堂屋向日寇砍去，分秒之间，将4名鬼子全部砍翻在地，旋即砍开绑在节振德身上的绳索说："快逃！"节振德向正门奔去，门口的机枪响了，节振德倒在血泊之中。节振国飞身跃上墙头又跃上屋顶，左腿被枪弹击中，但他不顾疼痛，飞快跳离包围圈，沿着河套向白云山跑去。节振国跑到白云山时，被山坡上收拾田地的武友贾文安救下，背到关帝庙中。白云道长立刻为他取出腿里的子弹，处理伤口。白云道长得知刀劈鬼子兵的经过后，很为有节振国这样的徒弟骄傲。当晚，大家在庙中吃了晚饭，节振国和贾文安为了躲避敌人的追捕，连夜赶到丰润黑山沟曹庄子节振国的岳父家。

开滦博物馆内泥塑复原的节振国刀劈鬼子兵的场景

拉起队伍抗日

节振国刀劈鬼子兵后，到丰润岳父家养伤，几天后又转移到武友张家发家中。半个月后，节振国的腿伤基本痊愈，就和张家发来到韩家哨，投奔习武启蒙师父韩清风。此时的节振国，已是日寇的通缉犯，而华北又是汉奸政权，节振国有家难归，韩清风老人此时收留他，非常人所能做到。晚上，韩清风老人讲述了共产党毛主席领导人民抗日的形势。节振国深受鼓舞，说："我要拉起队伍，和小鬼子拼了，不再过当亡国奴的窝囊日子了！"在韩清风老人的支持下，贾文安、田小八、邓茂生、胡志发等28名工友从赵各庄赶来齐聚韩家哨，打出了抗日救国的大旗。之后，周文彬来到韩家哨，带着节振国见到了李运昌将军。从此，28 人编入了抗日联军工人特务大队，节振国任大队长，由李运昌将军直接指挥。

“七一八”工人大暴动

李运昌交给节振国的第一个任务是回赵各庄矿，组织开滦工人大暴动。

1938 年大暴动前夕，节振国经中共冀东地委书记周文彬介绍，光荣地加入了中国共产党。节振国激动地说：“我也入党了，我也是党的人了！”

经过周文彬、节振国、胡志发等人的周密策划，1938 年 7 月 18 日成功地组织了开滦工人大暴动。两时，游击队员同时向各个炮楼发起攻击。节振国率队直取警察局，局长被俘，交出全部枪支，队伍占领了赵各庄矿。在节振国的影响下，古冶有七千多人加入了抗日队伍。李云昌在回忆文章中说：“1938 年开滦工人大暴动，在冀东抗日游击战争中所起的作用确实很大，它超越了一般性罢工的范围，它直接参加了冀东人民抗日大暴动，配合了八路军挺进冀东开展冀热边游击战争，形成了工农兵大联合，是震动全国惊动世界的大暴动，其意义是重大的。”

智取炸药炸毁雷庄大桥

1938 年晚秋的一天，八路军冀东军区司令员李运昌紧急召见节振国，传达了聂荣臻将军的指示：破坏北宁铁路线，阻止日寇从东北向关内运兵，破坏日寇准备发起的秋季大“扫荡”。抗日联军决定炸掉雷庄大桥，急需大量炸药。节振国当即接受了任务。

夜幕下，节振国和战友纪振生身着伪警服，扛着大枪，领着从白云山老乡那借来的四辆马车，直奔赵各庄西山药库。西山药库位于两座小山之间，山上下筑有三座炮楼，库房还架有直通警察署邱署长家的电话。药库值班人员接过节振国递过来的提货单，虽说上面有邱署长的亲笔签字，但见支领数量太大，还是有点不放心，就抄起了电话。邱署长电话中回话：抓紧办理，日本人急用。原来，节振国先去了邱署长家，索要了两身警服和邱署长亲笔签署的提货单，并派战士梁凯和张惠留下来监视邱署长。就这样，四辆装满炸药的马车，天亮前就到了榛子镇抗联根据地。

几天后，随着地动山摇的一声巨响，雷庄铁路大桥被抗日联军炸毁了，北宁铁路宣告瘫痪。

炮 打 上 五 岭

李运昌将军又把攻打上五岭的艰巨任务交给了节振国。

上五岭山高路险，地形复杂，是可以控制四方的咽喉之地，自古为兵家必争之地，日寇侵犯冀东也在这里驻下重兵。日寇在这里建立碉堡，外围挖出战壕，战壕外架设铁丝网，有重机枪守卫。抗日联军也曾几次攻打，均未得手。

周文彬、节振国等人先化装成农民到上五岭探查情况，摸清了底细。回到榛子镇后详细制定了攻打上五岭的作战方案：战斗分两步进行，先攻下壕沟，然后迅速将火炮推到前沿。由节振国负责正面进攻，李东波负责阻挡西路援军，周文彬负责截断往东的退路。

第二天，节振国等人以给日寇送猪和羊为名来到壕沟前，站岗的几个伪军拦住了去路，当得知是给他们送猪送羊时，非常高兴。可就在这时，枪声大作，手榴弹雨点似的飞过来，壕沟很快被独立大队占领了。但炮楼内的日军机枪响了，战士们被压制在壕沟里。这时火炮队冲过去了，人们用门板作盾牌，在壕沟边支起炮架，点燃炮捻，一声声雷鸣一团团火光飞向炮楼。顷刻之间，炮楼成了一片火海。这时，冲锋号吹响了，战士们冲向炮楼，消灭最后的残敌。

上五岭响起枪声后，炮楼内的日寇立刻发电求援，日本援军很快由丰润坐卡车飞速赶往上五岭。到夹山路时，梁凯、贾俊亭率队发起攻击。正当梁凯等人快要坚持不住，打算以身殉国时，节振国和周文彬两支援军赶到了，经过激战，战斗取得了胜利。

攻克上五岭，打通了丰润到滦县的通道，控制了山北全部地区。炮打上五岭，成为节振国工人独立大队用自制土炮攻克敌人的又一杰出战例。

血沃热土

1940 年 5 月，节振国从晋察冀分局党校学习结业后，随部队返回冀东。7 月，节振国到达丰滦迁地区后，连夜赶到司令部请战。经他再三请求，李运昌司令员同意他暂时与 12 团一起行动。1940 年 8 月 1 日，节振国在 12 团团长陈群的指挥下，率旧部夜袭赵各庄敌人弹药库后，撤至滦县下尤各庄休整。14 时，部队遭到敌人围攻。经过激战，消灭日军 50 多人。紧接着部队又在下尤各庄东与敌人展开战斗，日军几乎全部被击毙。就在追击几个逃散的日军时，一个已经倒地的日本人向英雄打了罪恶的一枪，节振国左胸中弹，壮烈牺牲，年仅 30 岁。

节振国在中国共产党的培育下，从一个开滦矿工成长为一个战绩赫赫、让敌人闻风丧胆的抗日英雄，为抗战的胜利做出了重大贡献，是开滦的骄傲，是中华民族的骄傲！在庆祝中国共产党成立 100 周年之际，更应该传承英雄精神，撸起袖子，为新时代社会主义建设做出更大的贡献。

罢工风潮　红色火种

在中国工人运动史上，开滦工人阶级是一支曾经做出突出贡献的重要力量。五四运动之后，开滦工人阶级开始登上政治舞台。中国共产党成立以后，开滦矿区陆续建立党组织。1922 年 6 月，唐山矿党支部建立，成为开滦矿区第一个党支部。1924 年至 1925 年，马家沟矿党支部、赵各庄矿党支部、唐家庄矿党支部、林西矿党支部相继建立。在之后的几十年里，开滦党组织虽屡遭破坏，仍顽强地生存发展。这些红色的火种，犹如点点星光，照亮了抗击压迫和侵略的斗争之路。广大开滦矿工在党的领导下，不怕流血牺牲，英勇顽强地投身于罢工斗争，彰显出“特别能战斗”的开滦精神。

第一次工运高潮的“最高峰”

自 1882 年以来，矿工们为改善劳动待遇、反抗洋人压迫，开展了一次次罢工斗争。据史料记载，1920 年 5 月至 1921 年 5 月，开滦矿区爆发了 7 次有规模、有声势的罢工。这些罢工行动，多属于矿工自发的经济斗争，虽然产生了一定的影响，但缺乏统一的组织领导。1921 年 11 月，刚刚诞生不久的中国共产党中央局做出决议，将唐山列入开展劳动运动的重点城市。1922 年春，邓培同志在林西机厂组织了“林西工余补习社”，后来又组织唐山矿工人成立了“大同社”，组织联络工人，培养工运骨干。在此期间，经邓培同志介绍，李星昌、只奎元等人成为开滦第一批党员。1922 年 6 月，唐山矿首先成立了党支部。从此，开滦工人阶级开始了党领导下有组织的罢工斗争。1922 年10 月23 日，开滦五矿 3.7 万名工人举行了声势浩大的联合大罢工。

开滦五矿大罢工

这次大罢工，是在中共北方区委、中国劳动组合书记部北方分部和中共唐山地委的领导下，有准备有计划地发动起来的。罢工前，党组织委派中共北方区委成员、中国劳动组合书记部北方分部主任罗章龙和副主任兼秘书王尽美（中共一大代表）等同志，先后深入开滦煤矿调查工人劳动生活状况，举办工人夜校和俱乐部，建立工会和党组织，组织开展各种斗争活动。1922 年 8 月底，中国劳动组合书记部主任邓中夏来到开滦，在矿工中传播革命思想。10 月 13 日，在中共唐山地方执行委员会书记邓培的领导下，唐山京奉路制造厂工人举行罢工。开滦工人纷纷捐款支援罢工斗争。10 月 15 日，开滦派代表参加了唐山地区党和工会召开的联席会议，参与研究组织联合斗争和斗争策略问题。10 月 16 日，开滦推选出唐山矿、林西矿、赵各庄矿和秦皇岛矿务码头的 8 名工人代表向矿方递交“请愿书”，提出增加工资、改善待遇等 6 项要求。10 月 19 日，五矿工人俱乐部正式成立，作为五矿工人统一行动的总指挥部。领导总指挥部的罢工委员会成员有 20 多人，其中包括罗章龙、王尽美、邓培等领导同志。罢工的最高组织——党团，由罗章龙同志负责。

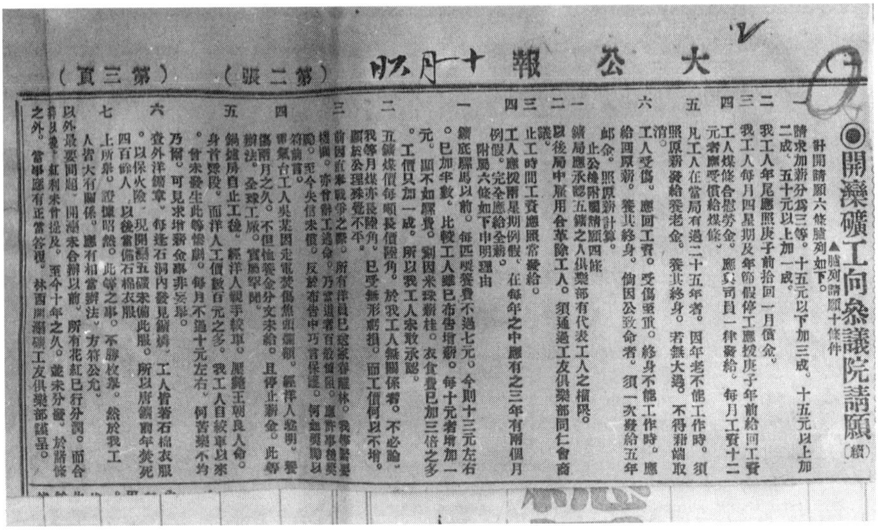
大公報　十一月
（第二張）（第三頁）

◉開灤礦工向參議院請願（續）▲臚列請願十條件

計開請願六條臚列如下。

一 請求加薪分為三等。十五元以下加三成。十五元以上加二成。五十元以上加一成。

二 我工人年尾應照庚子前給回一月價金。

三 我工人每月四星期及年節假停工應按庚子年前給回工資。

四 工人煤條合慰勞金。應與司員一律發給。每月工資十二元者應受價給煤條。

五 凡工人在當局有過二十五年者。因年老不能工作時。須照原薪發給養老金。養其終身。若無大過。不得藉端取消。

六 工人受傷。應回工資。受傷過重。終身不能工作時。應給回原薪。養其終身。倘因公致命者。須一次發給五年郵金。照原薪計算。

止公推附屬請願四條

一 礦局應承認五礦之人俱樂部有代表工人之權限。

二 以後局中雇用合革除工人。須通過工友俱樂部同仁會商議。

三 止工時間工資應照常發給。

四 工人應按照星期例假。在每年之中應有之三年有兩個月例假。完全應給全薪。

附屬六條如下申明理由

一 礦底騾馬以前。每匹喂養費不過七元。今則十三元左右。已加半數。比較工人雖已布告增薪。每十元者增加一元。咽不如騾費。剝因米珠薪桂。衣食費已加三倍之多。工價只加一成。所以我工人未敢承認。

二 五礦煤價每噸長價陸角。於我工人無關係者。不必論。我等月煤亦長陸角。已受無形虧損。而工價何以不增。斷於公理殊覺不平。

三 衛因直奉戰爭之際。所有洋員已經紛紛奔避林。我等誓要機關。亦會辦工過會。乃當道者百般曾阻。應許事機莫聰。至今央信未復。反於布告中巧言保證。何如預聞以若前言。

四 事氣台工人吳某因走電焚傷無與備額。經洋人證明。發傷兩月之久。不但恤養金分文未給。且停止薪金。此等辦法。全球工廠。實屬罕聞。

五 鍋爐房自止工後。經洋人親手試車。屢餘王朝良人命。身首異段。而洋人工價數百元之多。我工人自試車以來。曾未發生此等慘劇。每月不過十元左右。何苦樂不均乃爾。可見求增薪金殊非妄舉。

六 查外洋鑛章。每逢石洞內發見鑛構。工人皆著石棉衣服。以保火險。現開灤五礦未備此服。所以唐鑛前年焚死四百餘人。以後當備石棉衣服上所非。證據昭然。此等之事。不勝枚舉。然於我工人皆大有關係。應有相當辦法。方符公允。

七 以外最要問題。開灤未合辦以前。所有花紅已行分潤。而合辦以後。紅利未曾提及。至今十年之久。毫未分釐。於踏慘之外。當事應有正當答覆。林西開灤礦工友俱樂部謹呈。

开滦矿工请愿书

1922 年 10 月 23 日 6 时，唐山矿、林西矿（包括正在建设的唐家庄矿）、赵各庄矿和秦皇岛码头同时集会游行，宣布联合罢工。罢工开始后，矿工弟兄们秩序井然、情绪高涨，奋勇反击英国资本家及军阀政府的武力镇压。为阻止运兵车增援，林西矿工人纠察队员卧轨阻击，用砖头石块回击荷枪实弹的英国士兵。唐山矿工人为抗议警察逮捕 7 名工人纠察队员的暴行，举行了游行示威。行进过程中，全副武装的保安队和警察向罢工队伍开枪，矿工们冒死搏斗近 3 个小时，造成死亡 6 人、伤 57 人的血案。五矿工人俱乐部向全国发布宣言，披露血案真相。罢工委员会向英国国会发出通电，揭露英国资本家镇压中国工人的暴行。为配合开滦矿工兄弟，唐山启新洋灰公司和华新纺纱厂工人宣布罢工，开滦马家沟矿工人也于 11 月 1 日宣布罢工。罢工声势不断壮大，在全国引起了轰动。

中共北方区委和中国劳动组合书记部北方分部积极开展宣传工作，发动各地工人组织支援罢工斗争。山海关工友俱乐部、长辛店工人俱乐部、安源路矿工人俱乐部、京汉铁路总工会筹备处、粤汉铁路总工会等十几个工人团体纷纷发表声援通告（电），声讨反动军阀镇压罢工的暴行。在李大钊和中共北方区委的指导下，北京大学马克思学说研究会成立了北京开滦矿罢工经济后援会，组织上街募捐。京奉铁路工人、安源路矿工人、香港海员工人，以及南洋烟草公司工人等纷纷捐款接济开滦矿工。

面对军阀政府的重兵包围，以及以直隶警务处处长杨以德为首的保安队的残酷镇压，党领导下的罢工委员会积极应对，采取隐蔽方式领导各矿厂工人坚持斗争，集中力量抗击杨以德的暴行。11 月 9 日和 10 日，开滦五矿和启新洋灰公司罢工工人代表组成请愿团赴京，分别向总统府、国务院、内务部递交了“请愿书”，强烈要求“将杨以德予以撤职，并治以杀人抢劫之罪”。11 月 13 日，在各方压力之下，直隶省长电令唐山警察局和防务专员从速终结工潮，开滦矿务局也于 15 日公布了退让条件。随着罢工时间的延续，罢工队伍面临的困难不断加剧。在矿方表示不开除罢工工人的前提下，罢工委员会决定由各矿代表自行安排复工事宜，历时 27 天的五矿大罢工至此结束。

开滦五矿大罢工是在中国共产党领导下的一次大规模工人运动，在中国工运史上写下了浓重的一笔。这次罢工正值全国第一次工人运动的高潮期，数万名开滦矿工在中国共产党的领导下，面对英国资本家和军阀政府的联合镇压，团结战斗、顽强坚持，表现出极高的阶级觉悟和组织纪律性，进一步推动了全国第一次工运高潮的发展。邓中夏在《中国职工运动简史》中，评价开滦五大煤矿罢工使第一次全国罢工高潮“达到最高峰”。1925 年 12 月，毛泽东同志在《中国社会各阶级的分析》一文中，盛赞开滦煤矿工人“特别能战斗”。

革命低潮期的奋勇抗争

20 世纪 30 年代，中国革命正处于低潮时期。由于反动政府的镇压和党内“左”倾冒险主义的危害，唐山和开滦党组织多次受到严重的破坏。1933 年春，中共河北省委派黎玉、吴德到唐山恢复组织，开展工作。不久，以黎玉为书记的中共唐山市委成立，负责开滦东三矿工作，开滦党组织逐步得到了恢复和发展。吴德任党团书记的唐山市工联及下属赤色工会相继秘密建立。党组织依靠党员深入群众，发展骨干力量，为发动罢工斗争打下了基础。1934 年 1 月 14 日至 4 月 19 日，开滦工人阶级举行了声势较大的五矿同盟大罢工。

这次五矿同盟大罢工是在极其严峻的形势下举行的。1933 年 5 月，日本侵略者占领唐山，中日签订《塘沽协定》。从此，冀东地区的政治、经济、军事等都处于日本帝国主义控制之下。他们把冀东划为“非武装区”，严禁工人罢工、怠工、组织团体集会活动。英国资本家、日伪势力和国民党势力为了各自利益明争暗斗，使开滦煤矿呈现错综复杂、矛盾重重的局面。开滦工人生活条件恶化，反英抗日情绪不断增长。

1 月 14 日，马家沟矿 34 名失业工人因要求复工遭到拒绝责骂，工人们集会抗议。矿区保安队将工会包围，并鸣枪恫吓，引起双方冲突。警察当场打死 2 人，打伤数十人。惨案发生后，马家沟矿工人立刻宣布罢工，并向资方和地方当局提出强烈抗议，要求惩办凶手，赔偿损失。中共唐山市委得知马家沟矿罢工的消息，立即召集紧急会议，决定派出党员领导推动罢工，并在各矿成立后援会。在党的领导和发动下，1 月 25 日和 26 日，林西、唐家庄、赵各庄和秦皇岛煤厂相继罢工。罢工坚持半个月，迫使资方同工人签订了《劳资协约》。由于《劳资协约》中没有规定发放罢工期间的补助，又引起 2 月 11 日和 2 月 16 日马家沟矿、唐山矿的罢工，都取得了预期的效果。

3 月 18 日，唐山矿工人再次举行罢工。罢工队伍首先包围了市公安局，救出了被抓走的工人领袖。工人们组成纠察队，控制了矿场，切断了矿内外联络网。3 月 19 日，工人纠察队与前来镇压的矿区保安队发生冲突，3 名工人被枪杀。惨案发生后，中共唐山市委召开党团联席会议，决定发动东四矿同盟罢工。中共河北临时省委发出“告开滦工友书”“告全省工人书”，声援开滦罢工斗争。中共中央和全总执行局也联名致信，要求党组织争取对罢工的独立领导。根据上级指示精神，中共唐山市委和市工联加强了对罢工的领导，发动民众支持唐山矿工人斗争，促进五矿工人大联合。从 3 月底到 4 月初，唐山地区的产业工人纷纷举行罢工，一致声援开滦的罢工斗争。随着罢工影响的日益扩大，英国资本家、国民党政府和日伪汉奸加紧了对罢工的镇压和破坏。4 月 9 日，逮捕 7 名工人代表，强迫工人限期复工；4 月 11 日，军警全部出动，宣布紧急戒严，调查户口，抓捕工人。在白色恐怖之下，为了保存革命力量，中共唐山市委决定暂停罢工。

4 月 17 日，唐家庄矿工人因抗议矿警打伤工人，宣布罢工。国民党黄色工会打着“工人代表”的旗号，假意与矿方交涉。工人们识破后，马上占领了黄色工会，将黄色工会秘书捆了起来。4 月 18 日，林西矿黄色工会组织流氓和便衣警察袭击了唐家庄矿工会，抢走工会秘书，打死工人领袖张富庭，打伤 4 名工人。“四一八”惨案发生后，林西矿工人宣布总罢工，散发传单，向矿方提出“审判凶手”“抚恤伤亡”“打倒老委员”“成立新工会”的要求。唐山矿、马家沟矿、赵各庄矿工人也纷纷行动起来。不久，在英日帝国主义和国民党政府的血腥镇压下，罢工被迫停止，工人忍痛复工。

为期 3 个月的五矿同盟大罢工，为开滦工人赢得了部分经济利益。矿方不仅为矿工们增加了工资，恢复了失业工人的工作，而且对罢工期间的工资损失进行了补偿。虽然最终罢工遭到了破坏，但它再一次显示出开滦工人阶级在中国共产党的领导下，同英日帝国主义和国民党统治顽强战斗的抗争精神。时任中华全国总工会委员长的刘少奇同志，在总结这次罢工时曾指出："唐山五万名矿工的总同盟罢工和英勇的血战，是中国一件非常重大的事变，它与最近德国工人的巷战，奥国工人进行的国内战争有着同样重大的意义"。中共河北临时省委在总结这次罢工斗争时也指出："罢工影响推动着各地各业，首先是华北矿工的罢工斗争的浪潮（井陉、磁县、门头沟、秦皇岛、河南焦作、山东淄川）。开滦矿区与上海绸业这两个南北辉映的伟大罢工，开辟了一九三四年全国工人阶级罢工运动的新的历史阶段"。

冀东抗日大暴动的前奏

1938 年春天，开滦煤矿工人在中国共产党的领导下，在日本侵略者"战地后方"举行了五矿同盟大罢工，为全国人民开展敌后游击战争和创建敌后抗日民主根据地，树立了一面光辉的旗帜。

1937 年七七事变不久，日本侵略者占领了整个华北地区。这时的冀东地区已经成为日本帝国主义的"战地后方"。开滦煤矿位于冀东腹地，是敌占区唯一由英国人管辖的煤矿。开滦工人长期受到日本法西斯的蹂躏践踏，又遭受英国资本家的残酷剥削，反资反日的情绪一触即发。为了加强党在冀东地区的领导，中共中央北方局派干部到冀东参加起义准备和军事指挥工作，中共河北省委派周文彬任唐山工委书记，具体领导开滦五矿工人的抗日斗争。1937 年 12 月，冀东地区党组织决定发动冀东人民起义，开展抗日游击战争。周文彬具体负责发动工人罢工和武装起义工作。通过发动群众，发展壮大党的组织等艰苦细致的准备工作，开滦工人罢工的条件逐渐成熟。

1938 年 3 月 12 日，英国资本家在赵各庄矿实行“井下记工制”，卡死了工人以打连班来养家糊口的生路，引起了公愤。中共河北省委指示唐山工委，引导开滦工人由经济斗争引到政治斗争，举行武装暴动，支援八路军抗日。唐山工委认为“罢工的时机已经到了”，决定先举行怠工，提出要求条件，然后进行罢工，并联合五矿工人同时行动。3 月 22 日下午，赵各庄矿近万名工人高举斧子和镐把，占据井口等要害部门，包围公事房，捣毁井下牌子房，拉开了五矿同盟大罢工的序幕。周文彬提出“先把矛头指向英国资本家，同时提防日寇破坏和干涉”的斗争策略，推动罢工浪潮迅速波及各矿。3 月 24 日林西矿工人罢工，3 月 26 日唐家庄矿工人罢工，4 月 3 日唐山矿工人罢工，4 月 9 日已被关闭的马家沟矿少数留用工人也举行了怠工，形成了五矿同盟大罢工的局面。

罢工过程中，英国资本家采用武力镇压、停发工资、分化瓦解等手段，阴谋阻止罢工，但在工人们的坚决斗争下，都没有得逞。各矿工人们迅速组织起来。赵各庄矿建立工人纠察队，推举节振国为大队长，维持罢工秩序，抗击武装镇压。林西矿建立了由火车房工人钱林任大队长的交通斧子队。唐家庄矿工人在赵各庄矿、林西矿工人的支援下，打垮了荷枪实弹的“护矿队”，建立了一支由 300 多人组成的工人纠察队。随着斗争的深入，各矿罢工组织联合起来。3 月 26 日，党组织决定成立东三矿罢工委员会和五矿工人联合办事处，增加罢工条件十三条。党组织利用这个合法组织领导矿工的罢工斗争。4 月 4 日，五矿工人联合办事处组织召开工人代表联合会议，提出了明确的斗争纲领和十八条罢工条件，罢工条件中不仅包括改善矿工的生活待遇问题，还涉及老工人、新工人、临时工、技术工、童工和井下外工的利益问题。工人代表联合会议发起了募捐活动，印发了《开滦工人哀怨录》，呼吁天下仁人志士捐款救助，发动矿工控诉资本家压迫和剥削工人的暴行，揭露资本家的真面目，表达了开滦工人“能有一日之气息，即争一日之人格”的斗争决心。

五矿同盟大罢工给英国资本家造成了巨大的经济损失，也让日本侵略者感受到对其后方的威胁。英日帝国主义开始联合起来，共同对付罢工工人。针对这种情况，唐山和开滦的党组织积极发动群众予以回击。在赵各庄矿，工人继续坚持罢工；在唐山矿，千余名工人痛斥工贼代表怒打走卒；在林西矿，工人纠察队站岗放哨，防止私自复工，同时扛着大旗，手持武器，冲入矿内，驱逐工贼走狗；在唐家庄矿，斗争更加激烈，工人制止了工贼挑动的东十二庄三百余村民的武力破坏。在开滦煤矿工人的坚决打击下，英国资本家再也忍受不住罢工所带来的严重损失，被迫于 4 月 19 日提前恢复“劳资谈判”，重新考虑工人提出的罢工要求。劳资双方经过十四次谈判，于 5 月 4 日签订了劳资协约十六条，基本答应了工人提出的各项要求。5 月 10 日起，各矿工人陆续复工。历时 50 天的开滦五矿同盟大罢工宣告胜利结束。

据史料记载，五矿同盟大罢工沉重打击了日本侵略者的“以战养战”策略，使日本与开滦所订 295 万吨的供销合同被迫消减 170 万吨，削弱了日本军工相关产业的生产能力；英国资本家损失 170 多万元。更重要的是，这场发生在敌占区的罢工斗争，进一步激发了冀东地区广大民众的抗敌热情。两个月后，在冀东农民暴动的影响下，党组织发动开滦工人举行武装暴动，7000 余名工人参加了抗日联军和抗日游击队，直接参与到武装抗日的斗争中。开滦矿工的抗日武装暴动，树立起城市工人武装抗日的一面光辉旗帜，被誉为“中国客观条件下举行武装起义的模范”。

自 1882 年掀起中国煤矿工人运动首次罢工以来，开滦工人曾组织了68次罢工斗争，成为中国工人阶级队伍中最有战斗性和代表性的中坚力量。这支力量的背后，是共产党领导下的工人阶级坚韧不拔的革命意志和不屈不挠的斗争精神。3次五矿同盟大罢工不仅在中国工运史上影响巨大，而且作为开滦工人运动的标志性事件载入史册。李大钊、王尽美、邓中夏等革命先驱和节振国等抗日英雄，都曾在这里留下了闪光的足迹。在建党100周年之际，回顾这段历史，可以告慰他们的是，一代代开滦人薪火相传，让红色火种生生不息，“特别能战斗”的开滦精神，在他们手中得以传承发展、发扬光大。

震不垮的开滦

一场猝不及防的灾难，是一次力量的检验，更是一次精神的重振！

23 秒，里氏 7.8 级大地震让唐山山崩地裂，满目疮痍。这是一场世所罕见的大灾难。

17 个月，10 万名开滦人用钢铁般的意志，艰苦奋战，让已经瘫痪了的开滦矿区全面恢复生产。这是人类抗灾史上的奇迹。

1976 年 7 月 28 日，唐山发生的强烈地震，顷刻之间使 24 万名同胞遇难，百年工业重镇毁于一旦。开滦矿区 6579 名职工遇难，3918 名职工重伤。井上下系统遭受严重破坏，37.9 万米巷道需要整修和清理，20.63 万米采掘巷道被破坏，10.9 万米的轨道需要调卧清理……

突如其来的灾难，并没有压倒“特别能战斗”的开滦人。他们在一片废墟上开始了抗震救灾、恢复生产的伟大壮举。

地震发生时，万名夜班工人被困井下。大灾大难面前，共产党是人民最可靠的主心骨。在井下组织生产的领导干部站到了指挥安全撤退第一线。撤退时，群众在前，党员在后；工人在前，干部在后，领导干部最后走。在各级党组织的领导下，开滦煤矿万名井下工人经过艰苦卓绝的战斗，绝大多数在地震发生当天就陆续撤离险区，返回了地面。万名井下工人安全大撤退，创造了抗御大灾的“生命奇迹”。

地震发生当天，党中央一声令下，一支支中国人民解放军队伍以急行军的速度奔向唐山；全国各主要煤矿的10多支矿山救护队从四面八方迅速向开滦聚集。

开滦人强忍着失去亲人的悲痛，迅速投入恢复生产的战役中。

1976年8月2日，开滦党委第27次党委扩大会在废墟上召开，向开滦全体党员、职工和家属发出号召：“发扬开滦工人阶级特别能战斗精神，抗震救灾，恢复矿井生产，重建开滦，重建家园。”

中央慰问团真切感受到了开滦矿工身上昂扬的抗震精神。《人民日报》在1976年8月9日第一版刊文记录了开滦人的决心：“地大震，人大干，奋发图强，恢复生产，为社会主义革命和建设贡献力量。”

震后第3天，水电部组成电力抢修队进驻唐山抢修电力网。全矿区从7月31日至8月20日以单线路陆续恢复供电，以后又进行了复线建设。强烈的地震使各矿井水位迅猛上升，8个矿的涌水量由震前的每分钟254.27立方米，猛增到每分钟632.1立方米，相当于震前的2.49倍。

要保矿就得先排水。恢复供电之后，开滦立即组织“排水保矿会战”。矿工们蹚着齐胸深的矿井水把一袋袋黄泥运到打闸地段堵水，抢安水泵强排水。13000多名党团员和生产骨干组成的排水队伍，共恢复原有水泵136台，新安装水泵915台，铺设排水管路10万米。

同时，“抢修设备会战”已在全国展开。党中央要求，要把全国工人阶级的力量动员起来加快恢复开滦的步伐，要把这个工作搞快搞好。1977年1月20日，加快恢复开滦生产专门会议召开，议定具体措施，决定成立国务院恢复开滦煤矿生产领导小组。2月初，国家计委、一机部在唐山召开抢修开滦设备现场会，明确了抢修任务。随即，全国170个厂家和矿务局投入支援开滦“抢修设备会战”。在7个多月的时间里，外委大修的设备有11824台修好运回，开滦各矿厂修好26049台。

同样时间紧、任务重的“设计会战”也在争分夺秒地进行。从1976年8月开始，全国有关设计单位的近千名同志在10个月的时间里，为开滦的7个煤矿、6个选煤厂完成了930多项、68万平方米的工程设计，提交图纸12500张。

积力之所举，则无不胜也。在全国人民的鼎力相助下，电力恢复、排水成功、设备投入使用、设计图纸交付，为全面恢复生产创造了条件。

按照党中央关于动员全国工人阶级的力量组织一场“恢复开滦大会战”的要求，开滦地面恢复包建工程，投入了辽宁、吉林、黑龙江、陕西、上海、河北6省市和基建工程兵约37000人的施工力量。与时间赛跑、与余震做斗争，早日出煤、多出煤，为国家做出更大的贡献成了全体开滦人的心愿。

下巷被淹上巷采，没有正规工作面就扫浮尘、找残煤、回收煤柱、套修煤巷、快速掘进……开滦职工千方百计地早出煤、多出煤。

开滦马家沟矿在震后第10天就生产出第一车抗震煤

1976年8月7日，震后第10天，马家沟矿采煤一区生产出全矿区第一批抗震煤。

开滦人的士气在这批乌金的鼓舞下得到了极大的提振。

8月17日，赵各庄矿恢复出煤；9月13日，唐家庄矿恢复出煤；9月25日，林西矿恢复出煤；10月1日，唐山矿恢复出煤；11月28日，吕家坨矿全面恢复原煤和洗精煤生产。从震后到1976年底，开滦共生产原煤约85万吨，洗精煤3.3万吨。

1977年1月下旬，全国煤炭战线“学大庆、赶开滦”会议在北京召开。中央政治局全体领导同志接见了开滦代表，赞扬了开滦工人阶级英勇顽强，鼓励大家加快恢复生产步伐。

在百名劳模的倡议下，矿区迅速掀起了“补损失”的劳动竞赛高潮。广大职工在生活条件极其简陋艰苦的情况下，全力投入会战中。

1977年3月1日，范各庄矿恢复生产。

至此，除震前刚刚试生产的荆各庄矿外，矿区7座生产矿井全部恢复生产。

1977年7月，原煤平均日产35000吨；1977年9月平均日产50125吨；1977年12月平均日产70658吨，创造了复矿史上的奇迹。

在党中央、国务院的亲切关怀和领导下，在国务院各部和全国各省市的大力支援下，在开滦全体职工的共同努力下，开滦的恢复、建设工作不断取得胜利。1977年12月，开滦煤矿全面恢复生产，并达到震前水平。

在震后1年5个月的时间里，开滦排除井下积水约1.6亿立方米，相当于两个十三陵水库的蓄水量，修复370多千米长的巷道，盖起占地面积62万平方米的永久性建筑。这支特别能战斗的队伍，用攻坚克难的拼搏精神创造了复矿史上的奇迹。

安源路矿工人大罢工

1922年9月14日4时，安源车站火车头、锅炉房、电厂的汽笛吼叫声，划破了黎明前的沉寂；紧接着，修理厂、八方井的电笛也叫开了，一直延续了5分钟之久。这激昂雄壮的笛声召唤着安源路矿工人团结起来，为推翻旧中国“三座大山”的压榨，改善工人待遇，向安源路矿当局进行罢工斗争。

震惊全国的安源路矿工人大罢工爆发了。

这次大罢工，是由中国共产党直接领导发起的，起因是汉冶萍公司久欠安源路矿工人薪饷，使工人们的生活陷入绝境，加上受7月汉阳铁厂罢工胜利的影响而举行的。罢工斗争前几天，毛泽东再次来到安源，指导罢工斗争，并强调罢工的诉求：组织团体、解除压迫、改良待遇、减少剥削，并讲了这四条的关系；组织团体是长远目标，因为只有有了团体，解决了团体契约缔结权，团体才可以帮助工人去办事，矿局今后有对工人不利的地方，团体就有了代表工人的权利，所以组织团体必须放在第一位；解除压迫、改良待遇、减少剥削，这是工人眼前需要解决的问题，必须替工人解决。组织团体是纲，其他三条是目。第一条决不能更改，要坚持到底；另外3条可以灵活运用。

在总平巷口悬挂一巨幅“罢工”白布，井口用煤桶、木材堵塞，上面贴着标语，工人手举“从前是牛马，现在要做人”的小三角旗，并提出了17条要求。

矿局迫不得已于16日与路矿工人俱乐部代表谈判。刘少奇带着13000多名工人的嘱托与路矿当局谈判。当局并无诚意，谈判楼前架着两挺机枪，杀气腾腾，这是向工人示威。谈判桌前，敌人恐吓说："如果坚持作乱，就把代表先行正法！"刘少奇斩钉截铁地说："万余名工人如此要求，虽把代表斫成肉泥，仍不能解决！"敌人又说："我对万余名工人也有法子制裁，我有万余支军队在这儿！"刘少奇说："那就请你下令制裁！"这时外面响起了上万工人的怒吼："谁敢动我们代表半根毫毛，我们就打得路矿两局片甲不留！"工人团结一心并拼命护卫工人代表，使路矿两局及军队旅长惊恐万分，无可奈何，只得放下狰狞和高傲的嘴脸与工人代表谈判。

经过工人代表与路矿当局针锋相对的斗争，18日上午，三方代表按草约正式签订了13条协议。至此，罢工取得完全胜利。

关于这次罢工，刘少奇有一段精辟论述："这一次大罢工，共计罢工五天，秩序极好，组织极严，工友很能服从命令。俱乐部用费共计一百二十余元，未伤一人，未败一事，而得到完全的胜利，这实在是中国劳动运动中绝无仅有的事。"

秋收起义

1927 年 8 月中共八七会议确定实行土地革命和武装起义的方针，毛泽东提出了“枪杆子里面出政权”的英明论断。8 月 9 日，中央临时政治局举行第一次会议，讨论了湖南全省秋收起义的布置、目的和意义、起义的纲领和计划、起义的指挥机关和国民党左派的关系等。会议决定，彭公达为湖南省委书记，毛泽东为中央特派员。

毛泽东回到湖南后，着手组建一支正规军队以便与工农队伍一道举行起义。9 月初，毛泽东赶到安源，在张家湾召开秋收起义军事会议。会议决定：成立中国工农革命军第一军第一师，下辖 3 个团，安源为第二团，9 月 9 日为暴动开始日，破坏粤汉铁路，切断敌人的交通，9 月 11 日为总暴动日，18 日进攻长沙。

二团 11 日进攻萍乡，未胜；于 12 日改攻醴陵，打醴陵时渌江水浅，一部分队伍从水中过，船上装着稻草，战士们头顶着船行走，敌人以为是空船。到了东门市，战士们甩出土手榴弹“洋菖古”，炸得敌人魂飞魄散；河对岸起义军趁机穿过东门，打入醴陵县城，解救了被关押的群众。

这时敌军正向株洲、醴陵扑来。为了避其锐气，王新亚、蔡以忱决定主动撤离醴陵，并放弃原定经过株洲攻打长沙的计划，改为北上攻打浏阳，以便与一、三团会合合力攻打长沙。14 日凌晨，二团乘火车撤出醴陵，少部分回安源增援后方，其余 800 多人在王新亚等的

1927 年 9 月 11 日，秋收起义安源二团集结出发地——安源张公祠

率领下经老关北上攻打浏阳县城。当时，浏阳守军听说铜鼓和修水起义部队要攻打浏阳的消息，大部分已经调到县境东部去了，城内仅有团防队和法警，人枪不足一百，战斗力很弱。起义军在当地熟悉地形的农民引导下，很快赶到西门，顺利攻入县城，攻击东门的起义军不久也攻进城内。16 日上午，两路军会合，一举攻下了浏阳城，打开了监狱，救出来 200 多名革命同志和群众。连攻两城，起义军产生了轻敌思想，招致失利。浏阳会师后，一部分人跟随毛泽东上了井冈山。

对于安源工人参加秋收起义表现出的热心和勇敢，中共中央于 1927 年 12 月 15 日给湖南省委的信中做了高度评价，“攻打萍乡、醴陵、浏阳、血战几百里的领导者和先锋，就是素有训练的安源工人”“可以说，秋收暴动颇具特色，还是安源工人的作用”。

安源煤矿复矿

1939年，侵华日军大举向我国南方进军，为避免萍矿落入日寇之手，变成敌人屠杀中国人民的工具，安源煤矿被迫拆迁炸毁。

1949年新中国成立后，中共中央、国务院十分重视安源煤矿的复矿复产工作。

1954年8月6日，安源煤矿复矿筹备组来到了安源，开始矿井复产筹建工作。筹备组需要安源煤矿南部的土井分布资料，73岁的钟月清走了二十几里山路，向筹备组介绍了安源煤矿的情况；还和周方润花了两天时间，写出了50多个土井资料。年近七旬的张竹林，每天不辞劳苦，领着工作人员翻山越岭，调查散布在安源矿区的2000多个大小土井。他建议设法堵住土井的水，使水不再流向安源矿井，给复矿创造了条件。

1954年10月4日，东平巷开始修复，老工人们关心矿井的修复工作，时常来工地办公室打听工程进度，为工程队出谋划策。

一天早晨，老工人罗其奉又来到工地办公室。这时井下打来电话，说在修复巷道过程中发现了一个大洞，不知是不是东平巷的配风眼，无法进行工作。罗其奉一听，立即提上矿灯，同工地干部一道下井。上了年纪的人，眼睛不好使，视物不清，只能一只手拿着灯头向地面照着，另一只手摸索着帮壁前进。到了地点，他左右上下照了照，肯定地说："这就是原来的配风眼！"经过确认，队员们放心了，加快了修复进度。

东平巷多年失修，老空水积储，臭不可闻，顶板垮烂，稍一动煤岩就像面粉一样洒下来，如果控制不及时煤岩就会垮落堆积满巷；巷道下面又是积水，工人们坚守在如此困难的地方，满身煤泥，眼睛经常被煤灰蒙住，又红又肿，老空水熏得人头昏脑涨，心里直作呕。然而，这一切都没难倒英勇无畏的矿工，他们仅用了 4 个月的时间，就修通了破烂不堪的东平巷。

修复后的安源东平巷及东副巷口

修通东平巷后，紧接着又扒拱、镶砌。这些工作非常复杂，常常需要棚子上架棚子，工人们称之“楼上楼下”。由于巷道烂，扒拱时只要支护稍不到位，就会发生冒顶事故，顶板煤岩垮下来就会阻塞东平巷咽喉，使里面作业的工人出不来。

老工人黄才生、匡鑫、刘福四等自告奋勇，凭借着数十年经验，到最危险的地方架棚子。顶板松软，只要工具稍动一下，渣子就会垮下来。他们就用手扒煤，棚子上扒开了一点空，就塞把茅柴进去，再用竹尖并好棚……如此小心翼翼地操作，工人们的指头都扒出了血。终于架好了棚，接着又镶砌……他们凭着坚韧不拔的意志和吃苦耐劳的精神，硬是克服了东平巷修复过程中的重重困难和道道难关。1955年7月，在工人们的努力下，东平巷提前2个月顺利修复完工。

东平巷修复后，筹备组又组织八方井排水、修复巷道。经过三个月零十二天的努力，八方井积水终于在1956年4月2日排干，共排出了113.945万吨井下积水，到达了163米深的井底。之后，开始了八方井巷道修复和机电安装工作。1957年1月，矿井修复完成，投入生产。

八方井排水的情形

安源煤矿自复矿后，成为萍矿的主力矿井，1978—1991年，年产煤百万吨以上。在多种经营方面，萍矿更是享誉全国，兴办了煤矸石发电、水泥、电焊条、火工、钢铁、客车、机械、浮法玻璃、工程玻璃、制冷设备、管道、煤焦、光伏发电等企业；兴建了萍矿总医

复矿后安源煤矿生产的煤正在运往江南各地

院；开办了江西应用工程学院；尤其是经过整合组建的中鼎国际工程有限责任公司，已经成为世界著名的承包商企业。

矿区迎来第一缕曙光

1922年6月25日，淄川县马家庄人声鼎沸，小小的村落里挤满了人。

二三十里外的南定、大昆仑、南旺煤井的工人代表来了；四五十里外的西河、黑山煤井的代表也来了……凡是淄博的大煤井，都有代表赶来参加大会。

王尽美

“我们工人是创造世界的工人，可如今我们数万炭矿工友们，每天埋在矿井下的炭堆里，一滴汗一滴血地做十几个钟头的工。我们要团结起来，组织为自己谋利益的团体……”远处站在高台上的王尽美正慷慨激昂地发表演说。王尽美，中共一大代表，中国共产党创始人之一，多次到淄博矿区领导工人运动和从事建党活动。

一年前，王尽美作为山东代表参加了中共一大，同他一起的还有另一位山东代表——邓恩铭。

在上级党组织的安排下，王尽美于1921年冬天来到淄博矿区，宣传马克思主义思想，开展工人运动。

这一天的集会，就是他革命活动的一个片断。这一天，矿业工会淄博部宣告成立，这也标志着山东第一个矿业工会成立。

1921—1925 年，王尽美先后 4 次到淄博矿区，他的脚步踏遍矿区每一处角落，他的革命主张在矿区工人中产生强烈反响。同时，他还积极筹备淄博矿区的建党工作，先后介绍多人入党。

无独有偶，作为山东代表的邓恩铭，也把开展革命活动的落脚点放在了淄博矿区。

1924 年，中共淄博矿区支部秘密活动点——洪山宪章照相馆

1922 年 8 月，王尽美二进淄川后的 2 个月，邓恩铭遵照党中央指示，首次来到淄川开展工作。当时，邓恩铭的堂叔父黄泽沛任淄川县县长，邓恩铭便利用他的社会地位和影响，广泛接触各阶层人士，从事革命活动。一次酒会上，他认识了一个叫赵豫章的社会人士。当邓恩铭了解到赵豫章曾参加过五四运动时，就耐心地向他讲解马克思主义，并介绍其加入中国共产党。

“儿生性与人不同，最憎恶的是名与利，故有负双亲之期望，但所志既如此，亦无可如何……”1924 年 5 月 8 日，邓恩铭伏案执笔，拒绝了父母让他回贵州老家成亲的要求。此时的他正致力于用一名共产党员的力量撬动淄博这方土地，让革命火种生生不息。

邓恩铭

在王尽美、邓恩铭等的影响下，淄博矿区的工人运动蓬勃发展，先后有 9 名矿工加入中国共产党。

1924 年 7 月的一天，在洪山一处党的秘密联络站，9 名党员庄重地举起了右手，向党旗宣誓。中共淄博矿区支部委员会从此宣告成立。

这是淄博矿区第一个党支部，也是淄博地区第一个党支部。中共淄博矿区党支部的建立，为淄博矿区迎来了第一缕希望的曙光，是淄博革命史上开天辟地的一件大事。

王尽美、邓恩铭等革命前辈深入矿区点燃星星之火，引领矿区工人走上革命道路，使淄博矿区成为中国共产党在山东煤矿建党的发祥地。

捐献“贾汪矿工号”战机

徐州煤矿有着强大而鲜明的红色基因，徐州矿工有着勇于担当乐于奉献的家国情怀。在抗美援朝战争中，贾汪煤矿矿工响应“三大运动”号召，超额完成捐献“贾汪矿工号”战斗机一架的预定目标，成为百年记忆里可圈可点的光荣。

1950 年 10 月 25 日，中国人民志愿军开赴朝鲜前线，和朝鲜人民并肩作战，抗美援朝运动在全国展开。

1951 年，入朝作战接近一年，战争进入相持阶段时，志愿军战士因为弹药不足、缺衣少粮，缺少重武器的支援，损失惨重，面临重重考验。为此，1951 年 6 月 1 日，中国人民抗美援朝总会向全国人民发出《关于推行爱国公约、捐献飞机大炮和优待烈军属的号召》，后来被称为“三大运动”。

于是，一场轰轰烈烈的捐献运动在全国积极展开，并不断掀起高潮。那时徐州尚属山东省管辖。1951 年 6 月 11 日，山东省抗美援朝分会通过了捐献“山东空军师”的计划。按照当时的编制，一个空军师有 120 ~ 130 架飞机，山东省有 100 多个县，平均一个县一架飞机，任务光荣而艰巨。

1951 年 6 月 16 日，中国煤矿工会华东区筹委会在给贾汪矿区工会筹委会的指示中说：“华东要求贾汪捐献一架”“希望你们很好地发动”“根据矿工人觉悟和竞赛运动发展情况，不失时机、深入广泛地向工人宣传，掀起爱国增产节约运动”。

在这次爱国运动中，广大贾汪矿工喊响了：“拿现场当战场，拿工具当枪炮”“多出一吨炭，多增加一份经济力量”“节约一个道钉，打死一个美国兵”的雄壮口号。夏桥井生产效率连创0.828吨/工、0.83吨/工和0.921吨/工3个纪录；韩桥井连创4个风镐采煤纪录，其中李均亭等3人7个小时采煤258.8吨，创全国风镐采煤最高纪录；全井效率达1.06吨/工。在整个爱国运动中，贾汪矿工涌现出14个模范小组和70多个先进小组，他们用工作和奉献绘制了一幅波澜壮阔的画卷。

为方便各界群众认捐，抗美援朝总会对各项武器的比价做了具体规定：一架战斗机折合人民币15亿元。捐到了规定款额，即视为捐献了相对应的飞机。据不完全统计，全矿共收集慰劳金11673020元、慰问袋328个、慰问信36封。

在爱国增产节约运动中，广大贾汪矿工4个月超产20400吨煤，平均效率较1950年提高94%，降低成本12%，增收47亿元，超额完成了捐献“贾汪矿工号”战斗机一架的任务。1951年11月21日，徐州市总工会向贾汪矿工发来捷报贺信。

抗美援朝战争中，中国人民志愿军空军共击落敌机330架，徐州矿工的心中深感骄傲和自豪，因为在共和国腾飞的战鹰中，有一架来自贾汪矿工的奉献，“贾汪矿工号”战斗机已成为徐州矿工永远的荣光！

锄奸英雄耿晚子

耿晚子（1902—1977 年），井陉矿区人，1947 年加入中国共产党。耿晚子胆识过人，能双手使枪，弹无虚发。抗战期间，仅他一人除掉的汉奸就有 30 多名，至今他机智勇敢的锄奸故事，还在矿区一带广为流传。

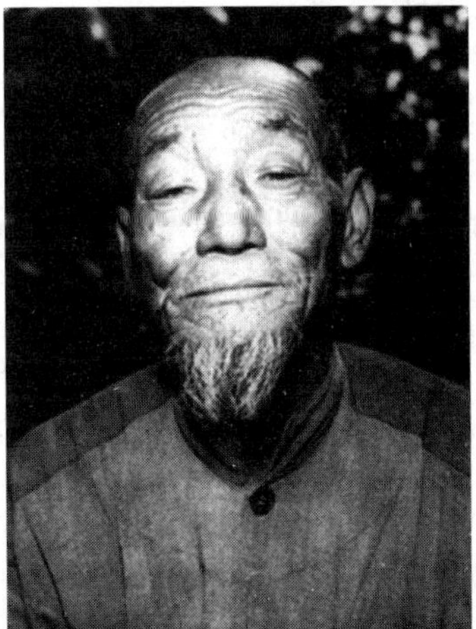

耿晚子

耿晚子幼年贫苦，13 岁就到井陉煤矿当童工。1937 年井陉煤矿沦陷后，他毅然弃工投奔八路军。

百团大战后，汉奸特务肆无忌惮，为打击敌人嚣张气焰，在党组织的领导下，各地展开了一场群众性的锄奸活动。时任北岳四分区侦察员的耿晚子，遵照上级指示，回到井陉煤矿，执行锄奸反特任务。

铁杆汉奸李爱克、范呆呆死心塌地为日军效劳，双手沾满了人民的鲜血。耿晚子与地下工作者吴金桂制订了一个智除汉奸的妙计。一天下午，吴金桂将李爱克诱骗到凤山村口时，耿晚子从庄稼地里蹿出来，一枪结束了李爱克的性命。

除掉李爱克后，范呆呆惶恐万状，连夜搬到了凤山矿围墙边的碉堡下居住。一天夜晚，耿晚子摸到范呆呆住处，模仿范呆呆老家一带的口音叫门，范呆呆以为是老家来了人，便把门打开，还没看清是谁，就被耿晚子连砍两刀，结束了性命。

1941 年冬，井陉矿日军头目命特务队长李木春查明耿晚子下落，设法捉拿。李木春绞尽脑汁，想利用叛徒张德成诱杀耿晚子。因耿晚子和张德成是结拜兄弟，张德成投敌的事耿晚子还不知道。1942 年正月十五晚上，张德成以喝酒叙旧为名，把耿晚子骗到家中，躲在暗处的特务立即包围了张德成家。耿晚子和张德成正在喝酒，忽然 3 个彪形大汉闯进屋内，耿晚子吹灭油灯，掀翻桌子，躲在墙角。3 个特务向炕边摸去，误将正下炕的张德成当成耿晚子抓住厮打起来，耿晚子趁机顺墙摸到房外，上了房顶。屋内 4 人打成一团，张德成连声叫唤，敌人涌进院内，耿晚子乘机跳下房离去，高岛气急败坏，一枪打死了张德成。

耿晚子有两个外甥，老大跟着耿晚子打鬼子；老二好吃懒做当了伪军，在桃林坪一带打死无辜百姓。耿晚子决定除掉他。一天晚上，耿晚子隐蔽在姐姐家大门外，等这个怙恶不悛的外甥回家时，把他枪决了。

1941 年，抗日战争进入最残酷的阶段。耿晚子的爱人带着 3 个孩子，躲在一个山洞里。1942 年夏，他们被敌人发现抓到宪兵队，企图以此迫使耿晚子屈服。耿晚子给日军送信，要求限期 3 天释放其家属，否则让敌人加倍偿还，并杀死两个汉奸。一封信，两具尸体，使敌人改变了计划，放出风要假释其家属，企图诱捕耿晚子，但敌人的阴谋未能得逞。

1944 年，耿晚子出席晋察冀边区抗日英模代表大会，获“战斗英雄”称号。

新中国成立后，耿晚子在井陉煤矿工作，1977 年 1 月病逝，享年 75 岁。

解放井陉煤矿

1947 年 4 月，根据中共中央军委有关指示精神，晋察冀军区决定发动正太战役。在聂荣臻司令员指挥下，杨成武率部于 4 月 17 日解放井陉煤矿，井陉煤矿成为全国第一个完全解放的煤矿。

井陉煤矿

1937 年 10 月 11 日，日军侵占井陉煤矿。中国人民经过 14 年浴血奋战，取得抗日战争的伟大胜利。日本政府宣布投降后，中共井陉路北县委遵照八路军总部的指示，对侵占井陉煤矿的日军开展受降工作。日军以奉蒋介石“维持地方治安”的命令为借口，拒绝向八路军投降，井陉煤矿被国民党反动派窃据。

国民党反动派占领井陉煤矿后，立即开始了对广大矿工的反动统治和政治压迫。将长期为日军效劳、镇压矿工的七百余名矿警，原封不动地编为“先遣军”；还认敌为友，将暂未回国的三百多名日军委以“共同担负警防事宜”的重任，变成为其镇压矿工的工具。同时，在井陉煤矿还建立了国民党、三青团政治组织和专门从事暗杀活动的飞虎队、黑杀团等特务组织；在煤矿周边村庄建立大乡组织，并配有武装；在靠近解放区的边缘地带，特务、密探活动频繁，严密监视着群众的活动；在煤矿内大修工事，在矿周围建筑碉堡，防备八路军的进攻。

国民党反动派的残暴统治和疯狂镇压，激发了矿工们奋起反抗的斗志。矿工们在中国共产党的领导下抗军训搞怠工、闹迁建索赔款，并配合游击队进行武装斗争，为胜利解放井陉煤矿打好了群众基础。

1947 年初，解放战争进入全面反攻阶段。尽早解放井陉煤矿，不论从经济上还是战略意义上来说，都十分必要。4 月，晋察冀军区发动正太战役。在取得正太战役第一阶段胜利后，聂荣臻司令员命令主力部队实施正太战役第二阶段作战方案。杨成武指挥的第三纵队负责攻击井陉及娘子关一带。根据敌人的设防情况，杨成武决定先解放井陉煤矿。

4 月 16 日 19 时，第三纵队第七旅和第八旅包围了矿山外围据点。22 时，杨成武向部队下达攻击命令。煤矿地下党员拉电闸，切断电话线。七旅官兵以猛烈的炮火轰开了井陉煤矿的铁道门，主力从矿山东、南两面进攻，仅 2 个小时就解放了井陉煤矿。同时，第八旅官兵经过一昼夜激战，全歼正丰矿守敌。4 月 17 日下午，井陉煤矿全部解放。至此，历经磨难的井陉煤矿终于回到人民的怀抱。在战斗结束 2 个小时后，5000 多名矿工就恢复了生产。

解放当天，晋察冀军区组成以杨成武为主任委员，姚依林、漆远渥为副主任委员的井陉矿区管理委员会。不久，姚依林带领晋察冀边区政府工业局第三生产管理处接管井陉煤矿，组织矿工投身到支援全国解放和新中国建设的伟大事业之中。

抗美援朝战场上的女护士吕金芳

2020年是中国人民志愿军抗美援朝出国作战70周年。冀中能源股份公司东庞矿离退休老党员吕金芳荣获“中国人民志愿军抗美援朝出国作战70周年”纪念章。

70年前，吕金芳随部队雄赳赳、气昂昂跨过鸭绿江，历经2年零9个月艰苦卓绝的浴血奋战，赢得了抗美援朝战争的伟大胜利。

生而平凡却人格熠熠，生命无华却贡献赫赫。吕金芳1947年参加中国人民解放军，担任卫生兵，曾参加解放战争时期的淮海战役、渡江战役。1950年10月，随部队参加抗美援朝战争，期间曾荣获一等功一次、二等功一次、三等功两次。

1954年，吕金芳转业到邢台人民医院，后调到章村煤矿医院、东庞矿医院工作，期间多次被评为劳动模范，1987年从东庞矿离休。

吕金芳，1932年出生在江苏省滨海县一个普通农民家庭。1931年九一八事变后，部分国土沦陷，华夏儿女饱受日本侵略者的摧残，中国军民奋起抗日，无数将士经过艰苦卓绝的抗战，迎来了抗日战争的伟大胜利。抗战胜利后国民党反动势力发动全面内战，一时间刚刚迎来和平的中国战火再起，人民再次陷入战争的灾难。1947年，年仅15岁的吕金芳立志参军报国，加入中国人民解放军。1949年2月，根据中央军委关于统一全军编制及部队番号的命令，中国人民解放军第三野战军以原苏北兵团和山东兵团机关各一部组成第9兵团机关，宋时轮任司令员。吕金芳当时就在第 9 兵团某医院工作。1950 年，吕金芳在上海和战友们每天搞渡海演习，海上练兵，摩拳擦掌为解放台湾做准备。而当年，朝鲜战争爆发，战火燃烧到了鸭绿江边，毛主席和党中央经过慎重考虑，发出号召“抗美援朝、保家卫国”。吕金芳随部队出国作战。

在抗美援朝战场上，吕金芳和战友们一起，在炮火连天的简易战地卫生室内抢救伤病员，细心地照顾和护理伤病员。吕金芳同数十万志愿军英雄一样，浴血奋战，视死如归。在医疗器械供给不足、缺医少药的情况下，吕金芳时常从自己穿着的衣服上撕下布片为伤员包扎流着鲜血的伤口。为了躲避敌人的炮火，保证伤病员的安全，她时常以自己羸弱的身体，奋力背起受伤的战士，把他们转移到安全的地方。在战斗最为激烈的时候，昼夜工作在救死扶伤第一线的吕金芳，为了抢救伤员时常顾不上进水进食。为了挽回伤病员的生命，她险些牺牲了自己的生命。

抗美援朝胜利后，吕金芳回国转业，响应党中央的号召为新中国的卫生事业做贡献。她转业到邢台市人民医院工作，后到章村煤矿医院、东庞煤矿医院工作。

1983 年，吕金芳调至东庞医院理疗室工作。作为一名中国共产党员，吕金芳始终恪守初心，工作中她急病人之所急，解患者之所难，用最好的疗效、最短的时间、最少的费用为病人治病，用自己优质的服务感动病人。她用精湛的医术、过硬的本领、真挚的感情为患者送去温暖阳光，受到了患者及家属的一致好评。在多年的工作中，吕金芳勤勤恳恳、任劳任怨、尽职尽责，始终践行着一名共产党员的初心和使命。

风镐纪录罗永金

罗永金

罗永金，峰峰村人，中共党员，峰峰局二矿采煤工。他幼年时家境贫穷，12岁便到资本家开办的煤窑当童工，饱受苦难和压迫。1945年峰峰解放后，罗永金从心底感谢共产党，感谢毛主席，在井下搞生产总是一马当先。

1950年6月25日，美帝国主义发动侵朝战争，我国由此掀起了轰轰烈烈的抗美援朝运动，峰峰煤矿普遍开展了劳动竞赛活动。1951年3月，《人民日报》报道了淮南煤矿风镐首创全国新纪录的消息，在峰峰煤矿引起了强烈反响，各矿都选出自己的风镐手搞采煤创新。3月16日，一矿申文远首创风镐采煤114吨，超过了苏联著名劳动模范斯大哈诺夫创造的104吨纪录。17日二矿马金保创出135吨纪录，18日一矿杨二成又创出151吨纪录。22日夜班，罗永金带着小组成员竭力拼搏，创造了班产254吨风镐采煤全国最高纪录。中共中央发来电报祝贺，《人民日报》在第一版显著位置进行了报道。之后，罗永金被评为全国煤炭系统劳动模范。1951年9月30日，罗永金接到中央人民政府主席毛泽东的请柬，参加了在北京怀仁堂举行的国庆招待会，次日参加了第二届国庆观礼，并与毛泽东主席合影留念。

1952 年，罗永金代表峰峰煤矿职工参加了第三届抗美援朝慰问团，被志愿军司令部授予“和平奖章”及慰问团证章三枚。之后，先后被评为峰峰市劳模、河北省劳模、华北区工业劳模、煤炭工业部劳模，并当选为省、市人大代表。1955 年任峰峰市工会主席。

罗永金（前排右二）参加赴朝慰问团的照片

走上领导岗位后，罗永金以文化程度低、熟悉井下工作为由，多次向组织请求重返煤矿生产一线，被安排在峰峰局五矿井下工作。他不以劳模自居，与工友关系融洽，担当奉献，兢兢业业。1965 年，罗永金患食道癌，需要到北京治疗，他坚持不要单位出具的劳模证明，而是以一名普通患者身份就医。医务人员从看望他的领导那里得知他是煤炭系统劳模后，邀请他为医务人员作报告。罗永金讲了旧中国煤矿工人的悲惨生活，讲了解放后矿工如何努力生产、参加社会主义建设，却从不讲自己的先进事迹。

1956 年，全国煤炭工业先进生产者代表合影（罗永金，前排中）

1966 年，罗永金病重期间，反复叮嘱子女：“我是一个下窑的煤矿工人，是共产党员，毛主席把我从火坑里救了出来，又给了我这么高的荣誉，啥时候也不要忘记党的恩情”。1966 年 11 月 13 日，罗永金逝世，享年 47 岁。在追悼会上，市、局领导对罗永金给予了很高的评价，称他是工人阶级的优秀代表。

尹坤在毛主席家做客

龙煤双鸭山矿业公司历经了74年的风风雨雨，当年老一代矿工早已渐行渐远，但他们留下的红色记忆，却一直在矿区口口相传。

在人民大会堂领奖的“红火箭掘进队”

二十世纪五六十年代，双鸭山是全国炼焦煤生产的重要基地，不仅担负着鞍钢等几大钢铁厂的供煤任务，还要支援百废待兴的朝鲜。

尹坤在井下劳动

由于掘进效率低，影响了煤炭生产，省市领导十分焦急。掘进队长尹坤便发动组里的工人当多面手，学打眼儿、爆破、开绞车、装炮药等，从而使生产效率提升、产量倍增。后来，尹坤又学习深孔爆破技术并在掘进队进行推广，把3米钎子延长至5米，一次爆破进尺从1.3米提高到4.5米以上，平均日进尺由原来的3米提高到12米，最高为18米。仅用7个月的时间就掘进全岩双轨大巷1569米，比全年计划提高84%，全员效率达0.39米，超计划的50%，并且杜绝了人身和机械事故。1958年秋天，尹坤所在的掘进队被共青团双鸭山市委命名为“火箭青年掘进队”；用1个月零25天的时间，完成半年的工作量，荣获了“全国煤矿大面积高产红旗场子”的称号，并被中共双鸭山市委命名为“红火箭掘进队”。

1964年，立井矿有个百万吨优质煤炭巷道需要贯通，但岩层条件复杂，是块难啃的硬骨头，上级把这个重任交给了“红火箭掘进队”。掘进队队员们有顾虑，怕先进保不住，市委第一书记卢泽民亲自做他们的思想工作，讲到：“一个先进队，是要看进度，但更重要的是看思想，两个都好才算先进队。”听了领导的话，“红火箭掘进队”的队员都很受感动，党需要到哪儿就到哪儿！

领导走了以后，红火箭掘进队开始研究怎么干，有的队员说：“光坐在上面有啥用，先下井看看。”下井看完之后，升了井又开会，一直开到晚上9点。

到工作面的距离是以前的3倍，淋水像瓢泼大雨一般，遇到过夹钎子，也遇到过破碎得像一摊沙子似的顶板。为了适应岩石特性，掘进队改扇式掏槽为楔式掏槽；为了在碎石中提高钻进速度，他们改变钎子型号，使用“十”字形钎子头；在淋头水大时，使用托水板；为使水泥棚子架得又快又好，还发明了固定矫正器。工人竭凤林的妻子瘫痪，他每天下班还得做饭、料理家务，但从未请过一天假。

就连“红火箭掘进队”的家属们也把贯通挂在心上。韩振安每天下班，他的爱人总是笑眯眯地问："贯通了吧？"一个老矿工的孩子在父亲指点下，课余时间用黄泥做出炮塞子，再晒干，不论刮风下雨，三天两头送到队里。

大巷是当年 12 月 28 日的零点班贯通的，隆隆的炮声从工作面传来，"闯将"李丛根据以往的经验，眼里闪着泪花，激动地告诉队友："贯通了。"大家欢笑着、跳跃着涌向工作面，副段长姜兆水紧了紧灯带，整了整作业服，从洞口钻过去，到了一条宽敞的巷道里，笑得见牙不见眼。那个夜班，大家架好最后一架棚子，把工作面收拾得干干净净之后，才恋恋不舍地升井。

"红火箭掘进队"成了煤炭系统闻名的掘进队组，尹坤受到周总理等党和国家领导人的亲切接见。在 1964 年 10 月召开的黑龙江省第三届人民代表大会第一次会议上，尹坤当选为全国人大代表。

到主席家做客

1965 年国庆节前夕，尹坤刚升井，矿井党总支书记就气喘吁吁地跑来，通知他马上准备去北京参加国庆观礼，地点在第四观礼台。尹坤那一晚高兴得一宿没合上眼，沉浸在无比的喜悦和幸福之中。

国庆节这一天，天安门前人山人海。上午 10 时，毛泽东、刘少奇等党和国家领导人登上了天安门城楼。尹坤想，一定要把毛主席他老人家慈祥的面容看清楚，回去向矿领导和队友汇报。由于心情激动，尹坤两眼总是流泪，直到观礼结束眼泪还没有擦干。

回到宾馆，由于没有看清毛主席，尹坤十分懊恼。宾馆还有一个 20 多岁的女劳模，她父亲是地下党员，被敌人杀害后，头割下来挂在树上，母亲也牺牲了。观礼时，女劳模由于心情太激动，晕了过去。回到住地越想越难过，哭了一天，也没有吃饭。

大会秘书组了解到几位劳模的心情后，及时地向周总理做了汇报，总理在百忙之中，做出了安排……

几天后，5 辆崭新的红旗轿车沿着宽阔的长安大街奔驰着，轿车开进中南海，毛主席闻讯健步迎了出来，他老人家穿着八成新的蓝色中山装，红光满面，身体非常健康。同来的负责同志一一向毛主席做了介绍，当时除了尹坤，还有王进喜、陈永贵、马恒昌、吴小温……尹坤握着毛主席那有力的手，一股暖流涌遍全身。

大家围桌而坐，尹坤这么近距离地看着毛主席，眼睛都不舍得眨一下，不但看清了，还把主席的音容笑貌深深地刻在自己的心中。

饺子端来了，毛主席起身从大师傅手中接过托盘，然后一盘一盘地端到他们面前。不一会儿，做饭的大师傅又端来了八盘小菜儿，有辣椒、红萝卜、小葱……并悄悄地告诉他们，这是毛主席亲手种的菜，你们尝尝吧。他们一听，都齐刷刷伸出筷子。毛主席笑着说："菜饭不好，但要吃饱。"

大家又参观了毛主席老人家的书房，尹坤看到毛主席那么大的国家领导，还与普通百姓一样艰苦朴素，心里更增加了对他老人家的崇敬与爱戴。

把胜利的红旗插到了祖国大西南

转眼到了 1966 年 3 月，为了开发大西南，煤炭工业部从全国各地调集了 27 个甲级掘进队开赴贵州，"红火箭掘进队"作为黑龙江省的代表队位列其中。

当时尹坤在北京开会，为了节省时间，准备工作是通过电话让家里人做的，在北京车站与队员会合。

那是双鸭山矿区有史以来最大的欢送会。从岭西矿到尖山区，长达 20 公里的路程，站满了欢送的队伍，妻子送丈夫，父亲送儿子，人们的脸上挂着依依不舍的泪水，干部们拉着队员的手一遍遍地叮嘱，不要给双鸭山丢脸，队员们在前面走，送行的人们在后面跟着车跑。

最初的3个月并不顺利，由于水土不服，职工得病的很多，加上复杂的地质构造也不适应，掘进队月月拖后腿。会战指挥部传来命令："红火箭掘进队"停产"磨刀"。经过3天的整顿，全体队员都像淬过火的金刚，憋在心里的劲头一齐使在了岩层上，他们要让其他人看看，双鸭山的矿工不是孬种！

"红火箭掘进队"由原来的三班倒变成了四班交叉作业，生产准备都在井上进行，井下不许耽搁一分一秒，喝水也不停钻，一辆翻斗车24小时不停工。工人于海先在架棚子的时候，不小心背板砸在脚趾上，他全然不觉，升井后洗澡，一脱靴子才发现脚大拇指砸断一节，靴子里全是血，可他仅歇了3天，就一瘸一拐地又来到井下。

一天，掘进过程中又遇到了罕见的断层带，不断地冒顶，尹坤急眼了，搭起木垛上去刹顶。又是一阵泥浆碎石冒落，把尹坤的大半个身子都埋了起来。大伙赶紧把他从岩石中扒了出来。可他抹了一把脸上的泥水，又登上了木垛。经过5天的苦战，终于闯过了断层带，创造了全岩下山绞车道月进527米的好成绩。

设备并不先进的"红火箭掘进队"，把其他队组甩在后面，成为"全国支援西南建设27个甲级掘进队优质高速竞赛"第一名。1966年7月12日，"红火箭掘进队"被煤炭工业部命名为"全国五好集体标兵"，成为全国闻名的甲级掘进队，被誉为全国煤炭战线的一面红旗、一把"不卷刃的钢刀"。周恩来总理专门派文工团来慰问，把"红火箭掘进队"的事迹编成文艺节目，跟班演出。

时至今日，还是在这片土地上，又先后出现了被誉为"龙煤第一班"的全国"社会主义劳动竞赛先进班组""佘洪海班组"，从普通掘进工出身、并以他的名字命名的"刘金奇精神"的龙煤集团七台河公司总经理刘金奇，全国"五一劳动奖章"获得者"赵一刀"赵光吾……

尹坤，你没有走远；“红火箭掘进队”，你没有远去。那段历史像金子一样沉淀了下来，那千尺井下纵横交错的巷道，早已刻下你们写下的精神密码，那是煤矿职工对伟大祖国的一片深情，那是煤矿工人“特别能吃苦、特别能战斗、特别能奉献”精神的写照。

抗联将领夏云阶在鹤岗矿区的斗争故事

在中国960多万平方公里的每一寸土地上，都留下了中国共产党人前赴后继、不怕牺牲、英勇奋斗的光荣足迹。鹤岗矿区作为新中国成立后第一个回到人民怀抱的大型煤炭企业，也同样写满了共产党人为谋求民族独立、人民解放浴血奋战的诗篇。

鹤岗矿区于1914年发现煤田，于1917年正式开发。九一八事变发生后，于1931年沦落于日本帝国主义的手中，遭受了日本帝国主义长达14年的侵略和奴役。在那段黑暗的日子里，作为中国工人阶级的先锋队，共产党人一直肩负着民族独立和解放的历史使命，同日本帝国主义展开了艰苦卓绝的斗争。这期间，以夏云阶为代表的抗联将士，在党的领导下，立足汤原抗日游击区，因地制宜地采取建立党的地下联络站、破坏煤炭运输线、攻打和铲除日军据点等斗争方式，在鹤岗地区同日伪军进行了长期的武装斗争，为鹤岗矿区的解放，做出了不可磨灭的贡献。

夏云阶，抗联第六军军长，山东省沂水县人。早年因家乡军阀混战、连年灾荒，于1926年3月，背井离乡逃荒到关东，辗转来到黑龙江省汤原县，在黑金河金矿当过淘金工。1931年九一八事变后，中共满洲省委特派员冯仲云来汤原巡视工作。夏云阶经冯仲云介绍，参加了中国共产党。此后，夏云阶当选为汤原县委委员，并组建了汤原抗日游击队。1936年，夏云阶任东北人民革命军第六军军长，后被推选为汤萝绥抗日总指挥兼任第六军军长。夏云阶任第六军军长后，将第六军发展至1200余人，由原来的4个团扩编为8个团。在长期的武装斗争中，夏云阶多次负伤。1936年11月21日，夏云阶在丁大干屯（今石场林场南约500米处）遭伪汤原治安队伏击，身负重伤，由于极端缺医少药，于11月26日为国捐躯，时年33岁，遗体被安葬于小兴安岭卧虎砬子山腰，是东北抗联重要将领之一。

夏云阶领导的抗联队伍在鹤岗矿区的主要军事活动主要体现在两个方面。

一、灵活机动地开展矿区铁路游击战

鹤岗矿山铁路是日本侵略者疯狂掠夺煤炭资源的重要交通线。当时，为确保铁路运输安全，铁路沿线由日本宪兵、百警队、护路队、讨伐队驻防，矿铁运输由日本宪兵、百警队等日伪组织押运。自从鹤岗矿山沦陷后，时任汤原游击队队长的夏云阶，根据敌我双方的情况，把运煤交通线作为打击日本侵略者的重点袭击目标，演绎出许多振奋人心的战斗故事。

1933年秋季的一天，汤原游击队借助于铁路线两侧茂密的树林掩护，在富力南大岗两山夹一沟路段，神不知鬼不觉地袭击了由兴山矿开往莲江口的客货混载列车。这次战斗共缴获了日伪军的步枪20余支，不但补充了抗联队伍的枪支弹药，而且给日伪军以沉重的打击。

1934年7月19日，夏云阶指挥汤原游击队调集350余人在老九号地段（现鹤岗矿区兴安矿与峻德之间处）拆除铁轨数段，造成列车颠覆，并猛烈袭击了车上的日军人员。战斗中将4名押车矿警缴械俘虏，还缴获了一批重要军用物资，并将运往煤矿的坑木全部劫走，达到了破坏日本侵略者煤炭生产的目的。

1935 年秋，夏云阶获悉，日伪军小股部队经常乘坐运煤火车往返于佳木斯至兴山（鹤岗）矿山之间。8 月 24 日那天，天刚蒙蒙亮，夏云阶带领 200 多名游击队员迅速向铁路线进发。早晨 8 时前，游击队赶到了莲江口以北 50 多公里处（现峻德矿北桥一带）。夏云阶率领战士们趁运煤火车还没开来之前，拔掉了 200 多根道钉，然后隐蔽埋伏在铁路两侧。当火车爬坡到没有道钉的铁轨路段时，随着“咣当当”一阵响声，机车头已经侧栽在路基上，一连串客货混挂的车厢也在相互撞击中停了下来。在夏云阶的果断指挥下，一瞬间埋伏在路基下面的游击队员枪弹齐发，很快就控制住了车上的日伪军和伪矿警队。之后游击队员对车厢里的旅客进行了抗日宣传教育，并协助他们安全撤离。这次截击列车战斗总共不到一个小时，以抗日游击队大获全胜而结束。一名日军头目和 6 名矿警被击毙。游击队员在旅客安全撤走之后，分头把各车厢都浇上汽油点火烧毁。清点完战利品，游击队员迅速地离开铁路线向北部山区转移。这次袭击火车，沉重地打击了日本侵略者的气焰，搅得日军更加惶恐不安。

二、潜入兴山镇，夜袭矿警队

1936 年初春，夏云阶同抗联六军各团团长和汤原中心县委的同志经过充分讨论分析，决定攻打兴山（鹤岗矿区）。4 月，为了配合这次重要的军事行动，汤原中心县委指派县委委员、鹤立区委书记高雨春深入到兴山镇发动群众。按照预先的安排，高雨春与抗日救国会会员施庆久接上了关系，并以亲戚的身份在矿山找了个临时活儿，就住在施庆久家里。

施庆久公开的职业是给鹤岗矿业所次长日本人金井健吉当卫士，他以前曾当过矿警队小队长，得到日本人的信任。利用这种关系和特殊的条件，中共地下党在施庆久家建立了秘密的活动联络点。高雨春在施庆久家住下后，早出晚归在兴山镇广泛发动群众，积极扩大抗日救国会组织，并且特别注意做矿警队的工作，争取有正义感、有爱国心的矿警参加救国会组织。

经过深入调查，高雨春摸清了矿警队和日军的兵力分布情况，以及敌人的军械库、火药库等重要攻击目标的准确地点。在掌握了敌情之后，高雨春召开了一次抗日救国会小组长会议，具体布置了爆破、阻击、断讯、主攻、撤离、暗号联络等作战任务。会后，高雨春悄悄地离开了兴山，迅速返回汤原县委所在地的四合村。

高雨春回到四合村的当晚，县委就召开了紧急会议。高雨春向县委和夏云阶军长详细汇报了鹤岗矿山日伪军警分布、工人的抗日组织活动及这次攻打矿山的内应工作准备等情况，会议最后做出了攻打矿山的决定。会后，夏云阶军长亲自主持研究和制定了详细的作战方案。为了保护打入敌人内部的人员，实施了接出施庆久一家人的行动。

5 月 22 日下午，夏云阶军长带领部队从鹤立镇的四合村出发了。当太阳落山时，攻城部队悄悄地来到了北山石灰窑集结。部队在那里潜伏下来，并建立了临时指挥所。按照作战计划，部队分成三路行动，一路攻打炭矿机关（现鹤时集团销售公司大楼），一路攻打日本守备队，一路攻打矿警一中队。深夜时分，战斗打响，在矿山内抗日救国会成员的密切配合下，部队攻进了城内。

整个战斗一直延续到拂晓，击毙了日军军官山口为市、桥田德次和矿警一中队长赵永富等人，共缴获步枪 30 多支、轻机枪 1 挺、匣枪 1 支和 6500 多发子弹，还缴获大批被服、军鞋、军帽和食品等。经过宣传教育，大部分矿警和一批煤矿工人自愿参加了夏云阶军长领导的抗联第六军，壮大了抗日队伍和力量！

青山有义，铭记功臣劲旅；绿水长流，不忘革命先趋！抗联英烈夏云阶以及他领导的抗联队伍，在中国共产党的领导下，为反抗日本帝国主义对鹤岗矿区的侵略和奴役，抛头颅、洒热血，进行了英勇不屈的武装斗争，是中国共产党领导民族独立和解放的一个生动缩影。历史将永远铭记夏云阶等为了争取民族独立、矿区解放而抛头颅、洒热血的英雄的共产党人。

杨靖宇在抚顺煤矿

一提起杨靖宇，总有人会将他的名字与“东北”两个字连在一起。其实，杨靖宇不是东北人，而是河南确山人。他原名马尚德，1905 年出生，1927 年加入中国共产党。

杨靖宇

1929 年 7 月，杨靖宇被党中央调往东北从事党的工作。当时，辽宁抚顺是东北四大产业中心之一，产业工人集中，觉悟高，革命基础好，满洲省委在此设立了抚顺特别党支部。但由于叛徒告密，中共抚顺特别党支部负责人被捕，党组织遭到破坏，急需派一位有工作经验的同志打开局面。由于杨靖宇在河南有过领导地下斗争的经历，中共满洲省委书记刘少奇随即任命杨靖宇为中共抚顺地区特别党支部书记，具体领导煤矿工人开展抗日斗争。

1929 年 8 月，杨靖宇来到抚顺。按照中共满洲省委的指示精神，他把工作的重点放到产业工人中。看矿工中山东人居多，他便自称是山东省曹州人氏，名叫张贯一。他和矿工们一起下到潮湿阴暗的矿井，干着又脏又累的活，吃着发霉变质的窝窝头。矿工们怕他是矿上派来的侦探，都很少与他说话。见此情景，杨靖宇不但不急躁，反而暗自高兴，因为矿工们对自己冷眼相待，正说明他们警惕性高。

一天，一位老矿工因为没钱看病，硬着头皮找工头借钱，蛮横无理的工头非但分文未借，还将其打成重伤。杨靖宇闻讯赶到老矿工家，送去仅有的两块大洋。

从那以后，耿直、热心、体贴的杨靖宇很快成了核心人物，大家都亲切地叫他“山东张”或“张大个子”。每每遇到困难，杨靖宇总能想出办法，把大家紧密地团结在一起。

当时，日本矿主为达到最大限度地压榨矿工的目的，不断地裁减人员、延长工作时间。矿工们劳动强度过大，身体难以负荷，加之生活条件恶劣，苦不堪言。

杨靖宇号召矿工团结起来，不上工、不出煤，从经济上卡住日本人的脖子。果然，对方终于扛不住罢工带来的损失，提出要与矿工谈判解决问题。随即，杨靖宇带领矿工代表开出复工条件：立刻召回被裁矿工，改善劳动条件，增加工资，加班加点需额外付给工钱，如果不答应以上要求，坚决不复工。4 天后，遭受巨大经济损失的日本矿主，被迫答应了矿工们的条件，斗争取得了胜利。

然而，正是这轰轰烈烈的煤矿大罢工，令日本关东军开始觉得此

事肯定与共产党有关。于是下令驻守抚顺的日本警察署，尽快找到中共地下组织并伺机逮捕领导人。

1929 年 8 月 30 日下午，被叛徒出卖的杨靖宇遭日军逮捕。中共抚顺特别党支部也随之遭到严重的破坏。杨靖宇被捕后，敌人连续五六个昼夜对其严刑拷打，企图让他承认自己是共产党员，进而承认是共产党的“头目”，从而探知抚顺共产党组织的全部机密。但杨靖宇始终咬紧牙关，没有吐露党的任何机密。日本警察署由于只有叛徒的口供而无其他证据，又迫于舆论的压力，最后不得不放弃了酷刑和审讯。

1929 年 10 月中旬，日本警察署以杨靖宇在狱中患病为由，把他引渡给国民党抚顺地方法院。面对审问，杨靖宇仍旧咬定自己是山东来东北经营煤炭的商人，并在法庭上以伤病之躯揭露日本帝国主义残酷蹂躏中国人民、肆意践踏中国法律的罪行。最终，杨靖宇被判处有期徒刑 18 个月，押往奉天第一监狱服刑。1931 年春，杨靖宇刑满出狱，随即投入新的战斗中。

1932 年秋，杨靖宇被派往吉林省磐石县组织抗日游击队，并从此走向了战火纷飞的抗日战场……

新邱下菜园子暴动

1941 年太平洋战争爆发后，日本侵略者对煤炭的需求更加紧迫。为了攫取更多的煤炭，阜新日伪当局采取“要煤不要人”的野蛮开采政策，对广大劳工特别是“特殊工人”的压榨更加残酷，从而激起“特殊工人”更大规模的反抗。抗日斗争就像熊熊烈火，燃烧在百里矿山。

1942 年 8 月 25 日，石门（石家庄）“劳工教习所”将八路军连长刘贵为大队长、崔溯源为副大队长的 300 名“特殊工人”押上“闷罐”火车，送到阜新新邱采炭所充当苦役。这 300 人大多数是冀中抗日根据地八路军指战员和地方干部，他们的共同心愿是“逃出满洲国，返回根据地”。

早在石门“劳工教习所”时，原抗大二分校三团宣传股股长李振军（化名马良）、抗大二分校三团政治主任教员朱韬（化名李满贵）等 12 名党员秘密成立了党支部。到新邱采炭所后将党支部改为新邱特别支部，支部书记李振军，组织委员是八路军冀中第六军分区三十一区队三连指导员戴绪书（化名赵松涛），宣传委员朱韬。

这支“特殊工人”大队来到新邱下菜园子之后，大队长刘贵就提出“突破电网，集体暴动”的意见。新邱特别支部负责人李振军、朱韬制定的斗争方针是“教育群众，团结对敌，积蓄力量，等待时机”，认为当前要搞好调查摸底，了解敌我双方面情况，以便根据新的条件制定新的斗争任务和斗争方式。没想到正在摸底时，队里跑了几个人，这一下情况紧张起来。伪矿警队为了“杀鸡给猴看”，把一条大狼狗电死在电网上。大家感到再也待不下去了，早晚得死在日本人手里，趁敌人没下毒手之前，赶紧暴动。这种想法得到大队长刘贵的支持，也立刻成为多数人的意见。新邱特别支部经过认真、慎重研究，最后同意了暴动。

刘贵虽然不是党员，不了解新邱特别支部的情况，但他在冀中根据地时就认识李振军和朱韬，对他们的身份心中是有数的。为了保证暴动的成功，在暴动前做了周密安排。按照新邱特别支部意图，成立了两个突击队和一个护送小组，指定阎锐、王志光分别任突击队长，分两路突破电网，打开仓库取出铁锹、洋镐作武器，夺取门卫矿警队枪支，掩护大队突网；指定齐文义在暴动前护送两位病弱的党员。暴动时间确定在 9 月 2 日夜里 12 点，以哨音为令，刘贵担任总指挥。突破电网暴动前以班为单位分发了干粮——每人两个高粱面饼子。计划暴动成功后，把现有的 6 个班建成 6 个连，拉起队伍，取道热河奔回根据地。

按照预定计划，9 月 2 日夜 10 点，趁天黑，齐文义悄悄摸进厨房，拿出两把菜刀，分给韩玉波一把之后在前边带路，戴绪书、韩玉波在后边警戒，三个人悄悄地向医院附近的小水沟处爬动。他们爬行约 50 米，便到了小水沟旁。有段电网架在小水沟上面，电网和小水沟之间有一条一尺多宽的缝。齐文义让大家停下来，他准备滚下小水沟，钻到外面去接应。这时，戴绪书说：“我个头小，身体瘦，探路更合适!”说罢挺身而出，抢过菜刀，滚入沟底，爬到 3300 伏的高压电网下，刹那间，一道刺眼的蓝光闪过，戴绪书触电牺牲了。戴绪书，湖北黄冈人，归国华侨，是 1938 年参加革命的老八路。

深夜 12 点左右，突击队砸开仓库，取出铁锹、镐头等作武器；齐文义从窗户跳进劳务系砸毁了电话机，并抢下地图以备行军和战斗；王志光带领20名突击队员向北门突击；阎锐带领20名突击队员向东门（正门）运动。出乎他们意料的是，由于电网闪出的蓝光惊动了值勤矿警，敌人有所警觉，采取了防范措施，在大门外埋伏了机枪，立刻以密集的火力封锁住通道，阎锐带领的突击队因此受阻，不能前进。这时，大路上汽车轰鸣，马队狂奔。日军驻阜新部队、宪兵队、警备队、矿警队倾巢出动，从四面八方赶至下菜园子镇压。

暴动队员们用砖头、瓦块抵挡着追杀过来的敌人，最后又奔向西北角。韩玉波为大家开辟道路，情急之下用菜刀砍电网，不幸触电牺牲。有的暴动队员从宿舍里抱出被褥往电网上铺盖，想踩着被褥越过电网；有的见被褥着了火，就往上浇水，企图将火熄灭，不幸被电死。人们又找来门板，搭在电网上往外跳。王志光看见有人蹬着电瓷瓶越过电网，他也小心翼翼地蹬着电瓷瓶跳了出去。他和逃出去的几十个人聚集在高粱地里，还没来得及商量对策，日伪军警就疯狂地向高粱地里开枪射击，他们不顾一切地向西北方向跑去。阎锐跟在一个暴动队员身后，从南边一处电网缝钻了出去，冒着硝烟烈火，向南山奔逃。

天渐亮的时候，日伪军警缩紧包围圈，大部分暴动队员被压缩在大院中间空地上。暴动失败了。参加新邱下菜园子暴动的共计292人，只有67人逃出，5人当场牺牲，45人身负重伤。暴动总指挥刘贵、副总指挥崔溯源和“特殊工人”的正、副班长被押到日本宪兵队审讯，后转到锦州监狱被残酷杀害。中共新邱特支负责人李振军、朱韬和208名“特殊工人”被关进海州工人辅导所。

海州工人辅导所实际上是日本宪兵队附设的特别监狱，关押的都是所谓的“思想犯”“国事犯”，院子不大，周围是两人多高的围墙，墙头上拉着电网，四个角上安了探照灯，出大门不远横着一道一丈多宽的壕沟，中间是吊桥，壕沟两旁还有两道铁丝网。在这里的几个看守都是中国人，领头的是国民党阎锡山部队的一个排长，原来也是

“特殊工人”，因此对被捕的“特殊工人”有些同情。还有个姓张的看守，原来是东北军的班长，有些民族意识。到海州工人辅导所后，为坚持斗争，李振军、朱韬重新整顿了党的组织，在新邱特别支部的基础上成立了海州工人辅导所党支部，书记李振军，宣传委员朱韬，组织委员黄涤尘，有党员9名。支部积极采取里应外合的策略，利用敌人急于采煤的心理，通过姓张的看守秘密联系，请求高德采炭所党支部设法营救。

10月初的一天，高德采炭所“特殊工人”大队长刘绍曾（八路军副连长）接到“海州工人辅导所”监狱姓张的看守送来的纸条，纸条用铅笔写着“新邱事败，被捕在狱。情况危急，望速营救”，并被告知是马良和李满贵写的。刘绍曾立即找到高德采炭所“特殊工人”塞北党支部书记范荣绪。两人认真分析，认定是李振军、朱韬写的（马良、李满贵分别为李振军、朱韬的化名）。经过支部研究，马上展开营救活动。他们首先发动“特殊工人”凑了些饭票，到矿上小商店买了些礼物送给日本把头金藤，通过金藤活动“海州工人辅导所”所长，允许他们探监，看望了难友。当时日伪当局为了多出煤，提出“采炭报国”的口号，刘绍曾就以高德采炭所“劳动力不足”为理由，请求释放被关押的“特殊工人”来补充“采炭报国”人员。同时暗中布置高德采炭所“特殊工人”泡病号，不下井，“磨洋工”，造成井下缺人、生产下降的局面，使“大出炭”变成小出炭。日伪当局为了多出煤，只好陆续将被关押的还能干活的53名参加暴动的“特殊工人”释放，其余难友都惨死在狱中。由于没有暴露身份，李振军、朱韬也被营救出狱。

李振军、朱韬出狱后，新邱特别支部与高德塞北支部合并成立新的支部，为了纪念俄国十月革命，叫十月特别支部，由李振军任支部书记，范荣绪为组织委员，朱韬为宣传委员，共有党员21名，党支部总的政策、口号是“教育群众，团结对敌，积蓄力量，等待时机”。支部还团结高德采炭所“特殊工人”中的国民党军队被俘官兵，共同对敌斗争。党支部吸取了新邱下菜园子暴动失败的教训，把组织“特殊工人”公开斗争转到秘密串联、分散逃跑。1943 年 3 月 5 日，李振军、朱韬、范荣绪、刘绍曾 4 人借口到孙家湾买鱼，离开高德采炭所，在一个普通工人家里换上事先准备好的长袍、礼帽，分别在阿金和海州车站上火车，逃离阜新，重返抗日根据地。新中国成立后，李振军曾任中国人民武装警察部队政委，朱韬曾任中国人民解放军体育学院副政委。

新邱下菜园子“特殊工人”暴动虽然失败了，但它对日本侵略者是一次沉重的打击，对生活在铁蹄下的阜新人民是一个极大的鼓舞。它充分体现了中华民族反抗侵略的英雄气概，体现了共产党人坚贞不屈的革命情操。新邱下菜园子暴动虽然失败了，但“特殊工人”的抗日斗争并没有停止。一些“特殊工人”因为有反满抗日思想，被关进日伪阜新平安监狱。

日伪阜新平安监狱是 1942 年建立的。监狱防卫森严，四周设有炮楼。被关押的中国人最多时达 1000 多人，其中 40% 是“政治犯”“思想犯”“国事犯”，大都是冀热辽抗日根据地游击队的干部战士和革命群众，即“特殊工人”。这些被关押的“特殊工人”主要从事下井采煤、掘进，每天干活 12 小时以上，却吃不饱饭，很多人营养不良得了浮肿病，严重时，不治而死。监狱的北面有两间房子做死人仓库，中国人死后，衣服、鞋全被扒掉，赤裸裸地被扔进死人仓库里，然后抬到孙家湾南山万人坑埋掉。被关押的“特殊工人”为了生存和解放，面对非人的待遇和血腥统治，利用一切机会进行反抗和斗争。

1942 年 11 月下旬的一天，凌晨五点多钟，40 多名被关押的“特殊工人”去平安三坑干活，乘看守不备，途中逃跑，迫使平安三坑停产一个多月。

1945 年 8 月 13 日，日本投降大势已经明朗，极大地鼓舞了“特殊工人”的斗争勇气。傍晚 6 点多钟，200 多名被关押的“特殊工人”，在共产党员李新田等人的宣传鼓动下，用石块、砖头、木棒作武器，同几十名看守和临时组织起来看守监狱的日本人英勇搏斗，把他们打得抱头鼠窜。“特殊工人”夺下西门看守的战刀，刺死看守，大家用力推开监狱的大铁门，获得了自由。

8 月 13 日暴动以后，日本军警从监狱 5 号牢房里提出 20 多名“政治犯”，秘密杀害在地沟里。血腥的屠杀迫使被关押的“特殊工人”又酝酿新的暴动。8 月 14 日晚 6 点多钟，他们还是以石块、砖头、木棒作武器，边打边往外冲，同时对着炮楼大喊：“中国人不打中国人！”炮楼上的伪满看守已经知道日本要投降，不愿再给日本人卖命去屠杀自己的同胞，便只朝天放枪。被关押的“特殊工人”用铁棍撬开北门的大铁锁，重新获得了自由。

8 月 15 日，日本宣布投降后，饱受压迫奴役的“特殊工人”终于获得了解放。他们在地下党组织领导下，立即联合矿工组成护矿队，迎接八路军派人来接收煤矿。后来，这些人大多数参加了在阜新组建的八路军冀热辽军区 22 旅 64 团，开始了新的战斗。

红色特工

1943年3月下旬，虽然已是初春，可日伪统治下的阜新依然北风呼啸，寒气袭人。一天黄昏时分，呜呜的大风刮得阜新市新邱小街饭馆的幌子乱舞，饭馆外来了三个逃荒的难民，两男一女，衣衫褴褛，满面风尘，操着河北口音。他们通过饭馆伙计打听到伪满阜新炭矿株式会社新邱露天堀佟把头的住处，找到这位老乡。佟把头认得其中一位姓于，是个木匠，以前和他有过交往，当即把于木匠留在柜上当了铁道木工，安排另一位当了井下推车工人。于木匠为人忠厚，技术熟练，喜欢和矿工交朋友，很快就在矿上站稳了脚，扎下了根。

当年的新邱还很荒凉，大街东头和兴隆河南岸稀稀落落的有十几户人家，铁路以南是矿区，矸石山旁长着一人多高的蒿草；中部是日本人大院，全是洋房，西、北部为矿工简易住宅，是一片低矮的棚户区。矿工多是来自河北、山东的逃荒难民，为了谋生才冒险下了关东。这些矿工在日伪的残酷统治下过着苦难的生活，整个矿山就像一座大牢笼，外界的信息很难传进来。于木匠等人的到来，给窒息的矿山吹进一股温暖的春风，每当天黑，于木匠家那低矮的小房子里就挤满了河北易县的老乡。老乡见老乡，两眼泪汪汪。乡亲们十分关心日军侵占华北后河北老家的情况。于木匠就给他们讲述“狼牙山五壮士”等八路军同日本侵略者血战到底的故事，讲八路军开辟晋察冀根据地的大好形势。每当老乡来家时，于木匠媳妇就炒一把糊米当茶款待他们，还经常为他们洗补衣服鞋袜。就这样，于木匠就成了这些矿工的朋友。

中共中央东北工委直属阜新地下支部书记于宝琪

一晃两个多月过去了，一天夜里，于木匠出门送走了几位来唠嗑的老乡，仰望满天星斗，他情不自禁地想起河北省老家，想起临来阜新时老家亲人对他的殷切嘱托。

原来于木匠叫于宝琪，河北易县人，1906 年生，1938 年参加革命，任晋察冀边区易县四区工会主任。1943 年 1 月，中共中央东北工作委员会在晋察冀边区平山县举办抗战训练班，培训地工人员到东北敌占区开展地下斗争。由于于宝琪在沈阳奉海路当过铁路工人，在东北有一些老乡且经常有书信来往，又有丰富的工作经验，因此被组织上挑选参加了训练班。经过两个多月的培训，东北工委派于宝琪和曾在沈阳自来水公司当过工人的训练班学员孙玉明到阜新煤矿开展地下工作。临行前，东北工委副书记韩光（黑龙江齐齐哈尔人，新中国成立后曾经担任黑龙江省省长、中央纪律检查委员会常务书记）找他俩谈话，交代任务。韩光说：“你们的总任务、总方针是，长期埋伏，积蓄力量，等待时机，配合反攻。你们虽然只有两个人，也是个支部。本应三个党员才设的支部，你们站住脚之后，就发展党员嘛。”就这样，中共中央东北工委直属阜新支部成立了，支部书记由于宝琪担任。按照东北工委的指示和要求，于宝琪化名于安，带领孙玉明和爱人于桂婷，化装成讨饭谋生的难民，闯过日伪军戒备森严的山海关，坐火车来到阜新。

有了社会职业作掩护，中共中央东北工委直属阜新地下党支部的工作很快开展起来。到 1944 年春天，阜新地下党支部先后发展了陈玉林、杜焕武、张尧、于德水、赵振庭 5 名同志入党，支部力量进一步加强。为了更广泛地开展工作，几名党员明确了分工，分别在工人、劳务系职员、“勤劳奉仕队”（伪满征“国兵”时不合格的青年，每年服劳役 4 个月，连续服劳役 3 年）中开展工作。党员之间不发生横向关系，直接和于宝琪单线联系。

于宝琪通过写“家信”和派人回关内“老家”，向东北工委汇报工作，报送情报，接受指示。当时，阜新煤矿“特殊工人”的抗日斗争就像烈火熊熊燃烧，于宝琪原本打算和他们联系，共同开展抗日斗争，东北工委副书记韩光同志明确指示，“特殊工人”中八路军的身份已经暴露，和他们接触不利于你们长期隐蔽，你们可以发动矿工开展经济斗争，还可以稳妥地对“勤劳奉仕队”做些工作。于是于宝琪打消了和“特殊工人”联络的念头。

日伪统治下的阜新

根据东北工委的指示，于宝琪鼓励矿工开展消极怠工和争取福利的经济斗争。当时的矿工生活极其困苦，日伪统治者给工人配给橡子面充饥。又苦又涩的橡子面吃得人们面黄肌瘦，矿工及家属对日伪统治者怨声载道，迫切要求改善生活待遇。鉴于这种情况，地下党支部决定因势利导，发动群众同日伪统治者开展经济斗争。一次，恰好矿上来了两车苞米面，工友们想买又没有钱，急得来找于宝琪商量。于宝琪给大家出主意：到佟把头柜上去借。佟把头柜上的管账先生陈庆荣私心极重，平日尽在工人身上揩油水，工人们恨透了他，都叫他“陈小鬼”。于宝琪领着工友们找到“陈小鬼”。“陈小鬼”依仗着日本主子的势力，根本没把于宝琪放在眼里，蛮不讲理地说：“不借，没有钱，有法自己想去!”于宝琪指着“陈小鬼”正在吃喝的酒肉说：“没有钱，你的酒肉从哪来的?”“陈小鬼”一听这话，气得破口大骂。于宝琪再也按捺不住胸中的怒火，一把拽住“陈小鬼”的衣领把他从炕上拖了下来，狠狠地抽了他两个耳光。“陈小鬼”从来没有吃过这样的亏，操起家伙就扑向于宝琪。同去的工友们岂能叫于宝琪吃亏，急忙把他们拉开了。佟把头知道了这件事，晚上派人把于宝琪找去。于宝琪对佟把头说：“工人吃不饱饭都不想上班了，陈庆荣不借钱给工人，这是把工人往绝路上逼，实际上也是在害佟大哥。”佟把头认为于宝琪讲得有些道理，再加上陈庆荣平日在工人中挑拨离间，拉帮结伙，佟把头早就对他不满，于是就撤掉了陈庆荣的管账职务，同时答应借钱给工人，还请于宝琪给推荐个人管账。于宝琪就趁机推荐了地下党支部骨干分子张尧，佟把头立即同意，并当众宣布张尧为账房正管。这场斗争使工友们看到了团结的力量，工友们同于宝琪的关系更加贴近了。

秋去冬来，雪花飘飘，到了换棉衣的时候，然而各柜上的把头借口一些工人出勤少，将他们的劳保棉衣扣住不发，准备卖给商人从中牟利，佟把头也扣了一百多套棉衣存放在仓库里。于宝琪得知此事后，一面劝说佟把头把棉衣发给工人，一面吩咐杜焕武去联系没领到棉衣的工人，准备同把头进行面对面的斗争。正当于宝琪劝说佟把头给工人发棉衣，而佟把头正犹豫不肯将刚刚到手的“肥肉”丢掉的时候，杜焕武领着百余名工人包围了他的住宅。工人们听说佟把头不肯发棉衣，在杜焕武的组织策划下都气愤地高喊：“不发棉衣就不下坑干活！”有的人还故意喊：“不发给棉衣，就烧他的房子！”佟把头从没见过这场面，怕把事情闹大了，赶紧让人从库房里拿出棉衣发给了工人们。其他柜上的把头听说这件事后，也都将扣下的棉衣拿了出来。

随着侵华战争不断扩大，日本帝国主义急需煤炭，在阜新开展了“大出炭”生产运动。于宝琪他们就千方百计采取消极怠工和制造事故的办法破坏日伪“大出炭”运动。工人编了顺口溜：“磨洋工、磨洋工，拉屎撒尿半点钟；糊弄鬼、糊弄鬼，糊弄一会儿是一会儿。”比如，在装车时，事先抽掉木头做的矿车底板，一串矿车从坑下牵到选煤厂，由于运行中的震动，装得满满的矿车往往漏成了空车。有时工人们卸掉矿车的轴头螺丝，致使矿车翻车掉道，堵塞运输线。于宝琪是铁道木匠，专门破坏铁道，背着日本工头将铁道的关键部位弄坏，再当他们的面修好，可是当日本工头一走，于宝琪就抡起大锤打飞道钉，别歪道岔，矿车一走就脱轨。阜新地下党支部还注意做“勤劳奉仕队”人员的工作，在他们的教育下，有些“勤劳奉仕队”的人在日本投降后参加了八路军。

为了更加方便工作，于宝琪借佟把头的名义在新邱南部开了个煎饼铺，指定于德水、陈玉林、于桂婷支撑门面。这样与党员间的联系方便多了，有什么事需要碰头，在你买我卖的过程中就可以解决。煎饼铺不仅成了党员的秘密联络点，还是党支部联系群众、了解敌情动态并向群众进行秘密宣传的阵地。去煎饼铺买煎饼的既有工人、老师、小商贩等一般群众，也有劳务系、“勤劳奉仕队”、帮会团体的一般人员及一些小头目。时间一长，于宝琪与他们混熟了，可以探听到许多不太容易听到的消息，遇到一些小麻烦，也可以通过他们解决。于宝琪还派陈玉林打入新邱上层人士的帮会组织“家礼会”，以便更多地搜集敌人的情报。一次，陈玉林听到一些上层人物议论：太平洋战争打得很艰苦，日军伤亡惨重，缺粮断炊，许多士兵杀战马充饥；日军前线吃紧，兵源不足，准备把三年一轮换的兵役制度改为二年一轮换。党支部先后将这些消息在工人群众中秘密传播，揭露敌人在战场上不断失败、逐渐走向灭亡的真相，坚定了群众反满抗日的信心。

1945 年 8 月 15 日，于宝琪去火药库领火药，从管火药的日本工头那里得知日本投降了。于宝琪立即赶回矿井把这好消息告诉大家，矿井马上沸腾了！工友们无不热泪盈眶。当天晚上，于宝琪组织全体地下党员召开了一次支部大会，分析形势，布置任务。会上确定：一是广泛宣传日本投降的消息；二是组织工人护矿队；三是筹集粮食；四是准备迎接八路军接收。会后，按党员分工，立即开展各项工作。大街小巷贴了不少“小日本彻底垮台了”“欢迎八路军早日到来”等标语。地下党支部又在新邱地区召开了群众大会，宣传抗战胜利的喜讯，号召工人群众团结起来，保护矿山，迎接八路军。地下党支部还做通了佟把头的工作，动员组织起 10 多辆大车，从附近农村和新立屯运进一批粮食，从矿劳务系挖出一批粮食，解决了工人的吃饭问题。

当时，苏联红军虽然进驻阜新，但是他们对阜新的情况不熟悉，再加上忙于安置日本战俘和接收矿山的设备，对社会管理不力，秩序十分混乱。一些伪满上层人物及地方豪绅组织起“阜新市治安维持会”，准备迎接国民党接收；一些矿山伪职员网罗日伪残余势力，组建了阜新煤矿“自兴维持会”，妄图独揽矿山大权；煤矿“特殊工人”中的原国民党军队官兵也成立了“工人自卫队”“八路挺进军”等武装，占据伪满市公署；流寇惯匪孙伯英、雷子阳趁机进城招兵买马，自封“司令”，占领县城。这些队伍成分复杂，既有伪警察、矿警、土匪流寇，又有国民党军队被日军俘虏的官兵，还有少数矿工。他们不打击伪满势力，却乘乱打劫店铺、抢掠财物、骚扰百姓。地下党支部便教育工人不要参加这些队伍。同时，组织起200多人的护矿队，不几天发展到700多人。他们利用打尖了的铁管子和收缴的日伪矿警的枪支做武器，昼夜巡逻，守护在矿井和居民区，防备敌人破坏。

9月10日，留在市区探听消息的杜凤武向于宝琪汇报：八路军先头部队已开进海州，在新邱当过“特殊工人”的叶舟也随军来接收。于宝琪立即赶到市区，向准备就任阜新县县长的叶舟等领导汇报情况，介绍阜新形势。第二天，他带一个班的兵力配合叶县长接收阜新县，将土匪孙伯英一伙人驱逐出县城。此后，前来接收的八路军部队陆续到达阜新，接收矿山。在地下党支部的精心保护下，新邱矿区完好无损地回到人民手中。当时军需供给紧张，于宝琪组织党支部成员率领护矿队四处征收粮食，供应部队。同时，按照中共阜新工委和县委的统一部署，以护矿队为基础，在阜新县一带扩军。不久，阜新工委和阜新县委将这700多人分别编入冀热辽八路军主力部队和阜新县大队。

八路军接收阜新后，中共中央东北工委直属阜新地下党支部的5名党员，分别被派到矿上和区政府担任领导工作。1945年底，国民党军队进犯阜新，中共阜新地委（原工委）和军分区撤到阜新北部农村开辟根据地，于宝琪随军撤到农村，先后担任王府区、务欢池区区长和阜新县武工队队长、阜海武装大队队长等职务。阜新解放后，于宝琪曾任阜新矿务局新邱矿、高德矿矿长，后来任本溪矿务局副局长。

新中国煤炭教育事业的奠基人：陈郁

在中国矿业大学的办学史上，有这样一位风云人物，他曾领导香港海员打响了“省港大罢工”的第一炮。他就是陈郁，老一辈无产阶级革命家，中国工人运动的先驱者之一，新中国燃料工业和煤炭教育事业的开拓者和奠基人。

陈郁

1951 年 8 月，陈郁担任新中国燃料工业部部长的同时，出任中国矿业学院（现中国矿业大学）院长，并把培养红色专家，服务煤炭工业发展需要作为根本办学宗旨。

作为新中国第一所矿业高等学府，在他的指导下，学校汇聚了当时国家煤炭高等教育领域最优秀的师资，整体办学实力大增。

陈郁重视思想政治教育，不断增强师生为社会主义服务的信念。他注重科研与实践结合，学院召开第一次科学讨论会，他积极动员燃料工业部各单位和厂矿向会议提交论文和研究报告。当实习学生反馈峰峰一矿采煤方法落后的问题时，他亲自回信肯定，激发学生投身行业建设的热情。

太行之阳河水东，莘莘学子救国重劳工。1955 年 6 月，陈郁不再兼任学院院长。此时的学校已发展成为新中国矿业高等教育最为重要的一支力量，肩负着振兴新中国煤炭科教事业的历史使命。

百年大党，风华正茂；百年矿大，初心不改。正是以陈郁为代表的一大批优秀共产党员，赋予了中国矿业大学强大的红色基因。“开发矿业，开采光明，建设祖国，造福人类”，一代代矿大人立足能源科教事业，接力奋斗，铸就了中国煤炭高等教育的一流品牌。

迈入新时代，中国矿业大学坚守立德树人使命，服务国家高质量发展，聚焦能源清洁低碳安全高效利用，奋力创建能源资源特色世界一流大学，为实现中华民族伟大复兴的中国梦贡献智慧与力量。

特别鸣谢

安源煤业集团股份有限公司安源煤矿
抚顺矿业集团有限责任公司
阜新矿业（集团）有限责任公司
河南能源焦作煤业（集团）有限责任公司
黑龙江龙煤矿业控股集团有限责任公司
冀中能源峰峰集团有限公司
冀中能源股份有限公司
冀中能源井陉矿业集团有限公司
开滦（集团）有限责任公司
山东能源枣庄矿业（集团）有限责任公司
山东能源淄博矿业集团有限责任公司
山西省晋能控股煤业集团永定庄煤业有限责任公司
徐州矿务集团有限公司
中国矿业大学

注：以上为资料征集出版过程给予大力支持的单位，排名不分先后。